KB275477

• 무비 스님 •

법화경

하권 (下卷)

불광출판사

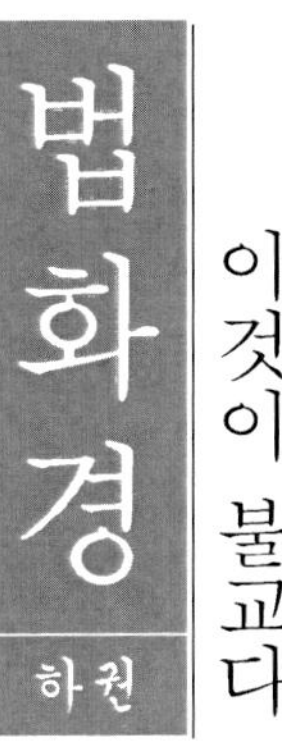

2003년 3월 25일 초판 1쇄 발행
2023년 7월 18일 초판 21쇄 발행

옮긴이 무비 스님
발행인 박상근(至弘) • 편집인 류지호 • 편집이사 양동민
편집 김재호, 양민호, 김소영, 최호승, 하다해 • 디자인 쿠담디자인
제작 김명환 • 마케팅 김대현, 이선호 • 관리 윤정안
콘텐츠국 유권준, 정승채
펴낸 곳 불광출판사 (03169) 서울시 종로구 사직로10길 17 인왕빌딩 301호
       대표전화 02) 420-3200 편집부 02) 420-3300 팩시밀리 02) 420-3400
       출판등록 제300-2009-130호(1979. 10. 10.)

ISBN 89-7479-626-0

값 14,000원

법화경

불광출판사

묘법연화경(妙法蓮華經). 이것이 불교다. 라고 감히 선언합니다. 불교의 성전(聖典)들은 흔히 팔만대장경이라고 하여 어떤 종교의 경전들보다도 많습니다.

그래서 불교를 공부하려고 하는 사람들은 어떤 경전을 읽어야 불교를 빠르고 바르게 알수 있는지 참으로 혼란스럽습니다.

부처님은 법화경에서 스스로 말씀하십니다. 내가 설한 모든 경전들 중에서 이 법화경이 제일이며, 경 중(經中)의 왕(王)이다. 라고 하셨습니다. 「약왕보살본사품」에 "수많은 별들 중에 둥근 달이 제일 밝듯이 이 법화경도 그와 같아서 천만 가지의 경전들 중에서 가장 밝게 빛난다. 또 저 밝은 태양이 온갖 어둠을 깨뜨리듯이 이 법화경도 그와 같아서 온갖 좋지 못한 어두움들을 모두 깨뜨린다."라고 하였습니다.

불교 공부란 인간 최고(最高)의 가치(價値)를 추구하는 공부입니다. 그 소중한 공부를 위하여 수많은 경전들과 조사어록(祖師語錄)들을 읽으면서 이 법화경이 모든 불교성전들의 요체(要諦)라는 사실을 알았습니다. 그래서 "묘법연화경. 이것이 불교다."라고 선언하였습니다.

다시 경문(經文)을 인용하면, 여래신력품에 "모든 부처님의 신력(神力)은 한량없고 그지없고 불가사의하다. 이 경전을 부촉(咐囑)하기 위하여 경전의 공덕을 이야기하려면 끝내 다할 수 없다. 중요한 점만을 말하자면, 여래가 소유한 모든 법과 여래의 자유자재한 신력과 여래의 비밀하고 중요한 가르침과 여래의 모든 깊고 깊은 사실들을 모두다 이 경전에서 말하고 있다."라고 하였습니다.

다행스럽게도 이 중요한 경전이 근래 우리 불교계에서 많이 읽히고 있습니다. 그러나 경전의 속뜻을 바르게 이해하고 읽는지, 그 점에 있어서는 의문이 적지 않습니다. 경전의 깊은 뜻을 바르게 이해하려면 눈 밝은 선지식(善知識)의 올바른 해석이 꼭 필요합니다. 바른 안목(眼目)을 가진 선지식의 명쾌한 해석이 있기를 기다립니다.

이 책을 번역하는 데는 운허 노사(耘虛老師)의 번역을 많이 참고하였음을 밝혀둡니다. 그리고 내용에 알맞게 단락(段落)을 나누고 그 제목을 붙이는 것은 어려운 일이지만 읽는 사람들의 이해에 보탬이 되고자 역자(譯者)가 처음으로 시도한 것입니다.

이 법화경을 통하여 모든 사람들이 불교를 바로 알고, 따라서 인간 최고의 가치를 추구하는 일에 한 걸음 다가서는 계기가 되었으면 하는 마음 간절합니다.

아울러 모든 사람들이 부처님이라는 사실에 확신(確信)을 갖고, 사람과 사람이 서로 부처님으로 받들어 섬기며, 진정한 평화와 행복을 구가(謳歌)하시기를 간절히 빕니다.

나무묘법연화경 나무묘법연화경 나무묘법연화경

불기 2547(2003)년 봄 가회선원(嘉會禪院)에서

如天 無比 삼가 씀

상권(上卷)

하권(下卷)

15. 종지용출품從地涌出品

18. 수희공덕품隨喜功德品

19. 법사공덕품法師功德品

24. 묘음보살품妙音菩薩品

25. 관세음보살보문품觀世音菩薩普門品

28. 보현보살권발품 普賢菩薩勸發品

제11 견보탑품(見寶塔品)

1. 다보불탑(多寶佛塔)의 출현

(1) 다보불탑의 장엄

1 그 때에 부처님 앞에 칠보(七寶)로 된 탑(塔)이 있으니 높이가 오백 유순이요, 가로와 세로는 이백 오십 유순이었습니다. 땅에서 솟아올라 와서 공중에 머물러 있었습니다. 갖가지 보물로 장식하였으니 난간이 오천이요, 감실이 천만이었습니다. 무수한 당기와 번기로 꾸미었고 보배로 된 영락을 드리우고 보배 풍경 만 억 개를 그 위에 달았습니다. 사면에서는 다마라발 전단 향기가 나와서 세계에 충만하였습니다. 그 모든 번기와 일산들은 금 · 은 · 유리 · 자거 · 마노 · 진주 · 매괴 등의 칠보로 만든 것인데 높이가 사천왕(四天王) 궁전에까지 이르렀습니다.

⑵ 천신들의 공양

2 삼십삼천에서 하늘의 만다라 꽃을 비 내려서 보배 탑에 공양하였습니다. 그 밖의 모든 천신(天神)과 용과 야차와 건달바와 아수라와 가루라와 긴나라와 마후라가와 사람과 사람 아닌 이들 천만억 대중들이 온갖 꽃·향·영락·번기·일산·풍류로 보배 탑에 공양 공경하며 존중 찬탄하였습니다.

⑶ 다보여래(多寶如來)의 찬탄

3 그 때 보배 탑 안에서 큰 소리를 내어 찬탄하였습니다.
  "훌륭하여라. 훌륭하여라. 석가모니불 세존(世尊)께서 평등한 큰 지혜로써 보살들을 가르치는 법이며, 부처님들이 호념(護念)하시는 묘법연화경(妙法蓮華經)을 대중들에게 말씀하십니다. 그렇습니다. 그렇습니다. 석가모니 세존께서 말씀하시는 것은 모두 진실(眞實)입니다."

4 이 때 사부대중들은 큰 보배 탑이 공중에 머물러 있는 것을 보았습니다. 또 탑 속에서 나오는 음성을 듣고

는 모두 법(法)의 기쁨을 얻었습니다. 전에 없던 일이라 하여 괴이하게 여기며 자리에서 일어나 공경하며 합장하고 한 곳에 물러가 있었습니다.

⑷ 대요설(大樂説)보살이 묻다

5 그 때에 한 보살 마하살이 있으니 이름이 대요설이었습니다. 그는 모든 세간의 천신과 인간과 아수라들이 마음속에 의심하는 것을 알고 부처님께 말씀드렸습니다.

"세존이시여, 무슨 인연(因緣)으로 이 보배 탑이 땅에서 솟아올랐으며 또 그 속에서 이러한 음성이 나오는 것입니까?"

⑸ 부처님께서 답하다

6 이 때 부처님께서 대요설보살에게 말씀하셨습니다.

"이 보배 탑 안에는 여래의 전신(全身)이 계시니라. 지나간 옛적에 동방으로 한량없는 천만억 아승지 세계 밖에 나라가 있었으니 이름이 보정(寶淨)이니라. 그 나라에 부처님이 계셨으니 이름이 다보(多寶)이니라.

그 부처님이 보살의 도를 행하실 때에 큰 서원(誓願)을 세우시기를 '내가 성불하였다가 열반한 뒤에 시방의 국토 중에 묘법연화경을 설하는 곳이 있으면, 내 탑이 그 경전을 듣기 위하여 그 앞에 솟아올라 증명하면서 〈훌륭하고 훌륭하다.〉고 찬탄하리라.' 하였느니라.

그리고 그 부처님이 성불하셨다가 열반하시려는 때에 천신과 인간 대중들 가운데서 비구들에게 이렇게 말씀하였느니라.

'내가 열반한 뒤에 내 전신에 공양하려는 사람은 마땅히 큰 탑 하나를 세우라.' 라고 하였느니라.

그 부처님이 신통력(神通力)으로 시방 세계의 가는 곳마다 만약 묘법연화경을 설하는 사람이 있으면, 그 부처님이 보배 탑이 그 앞에 솟아나고 그 탑 속에 전신이 계시어서 '훌륭하고 훌륭하다.' 고 찬탄하느니라.

대요설이여, 지금 다보여래(多寶如來)의 탑이 묘법연화경을 설하는 것을 들으려고 땅에서 솟아 올라와서 '훌륭하고 훌륭하다.' 고 찬탄하는 것이니라."

2. 세존의 분신(分身)들이 모이다

(1) 대요설보살이 청하다

7 이 때 대요설보살이 여래의 신력을 입어서 부처님께 말씀드렸습니다.

"세존이시여, 저희들이 그 부처님의 몸을 뵙기를 원합니다."

부처님께서 대요설보살 마하살에게 말씀하셨습니다.

"이 다보(多寶) 부처님은 깊고도 중대한 서원(誓願)이 있었느니라. '만일 나의 보배 탑이 법화경을 듣기 위하여 여러 부처님 앞에 솟아나거든, 그 때 나의 몸을 그의 사부대중들에게 보이려 하면 그 부처님의 분신(分身) 부처님이 시방세계에서 법을 설하는 이들을 모두 한 곳에 모은 뒤에야 내 몸이 나타나리라.' 하였느니라. 대요설이여, 나의 분신 부처님으로서 시방세계에서 법문을 설하는 이들을 이제 모두 모아야 하리라."

대요설보살이 부처님께 여쭈었습니다.

"세존이시여, 저희들도 세존의 분신 부처님들을 뵈옵고 예배하고 공양하려 합니다."

(2) 광명을 놓아 분신들을 모으다

8 이 때에 부처님께서 미간(眉間)의 백호상(白毫相)으로 한 광명을 놓으시니 동방으로 오백만억 나유타 항하사와 같은 국토에 계시는 여러 부처님들을 보게 되었습니다. 그 여러 국토의 땅은 모두 파리로 되어 있고, 보배 나무와 보배 옷으로 장엄하였습니다. 무수한 천만억 보살들이 그 가운데 가득 차 있었습니다. 보배 휘장을 둘러치고 보배 그물을 위에 덮었습니다. 그 나라의 부처님들이 크고 아름다운 음성으로 법을 설하였습니다. 또 한량없는 천만억 보살들이 그 여러 국토에 충만하여 대중들에게 법을 설하는 것을 보게 되었습니다. 남방·서방·북방과 네 간방과 상방·하방에도 백호상의 광명이 비치는 곳은 모두 그와 같았습니다.

이 때 시방의 여러 부처님들이 각각 모든 보살들에게 말씀하셨습니다.

"선남자들이여, 내가 이제 사바세계의 석가모니 부처님 계신 곳으로 갈 것이며 아울러 다보여래의 보배 탑에 공양하리라." 라고 하셨습니다.

(3) 국토를 세 번 변화시키다

① 사바세계를 변화시키다

9 이 때 사바세계(娑婆世界)가 변하여 청정하여졌습니다. 유리로 땅이 되고 보배나무로 장엄하였으며 황금으로 된 노끈으로 여덟 갈래 길에 경계를 쳤습니다. 여러 취락(聚落)과 마을과 성읍과 바다·강·산·내·숲·덤불들이 없고, 큰 보배 향을 사르고 만다라 꽃이 땅에 깔리고 보배 그물과 보배 휘장을 그 위에 덮고 보배 풍경을 달았습니다. 이 회상(會上)의 대중만은 그냥 남겨두고 여러 천신(天神)과 인간들을 옮겨서 다른 국토로 보내었습니다.

이 때에 여러 부처님들께서 각각 한 대보살을 시자(侍者)로 삼아 데리고 사바세계에 와서 각각 보배 나무 아래에 이르렀습니다. 그 보배 나무들은 각각 높이가 오백 유순이요, 가지와 잎과 꽃과 열매가 차례대로 장엄하였습니다. 여러 보배 나무 아래에는 모두 사자좌가 놓였는데 높이가 오 유순이며 또한 큰 보배로 꾸며져 있었습니다. 그 때 여러 부처님께서 각각 이 사자좌에 가부좌(跏趺坐)를 하고 앉으셨습니다. 이와 같이하여 점점 삼천대천 세계에 가득 찼으나 석가모니 부처님의 한 지역에 계신 분신 부처님도 오히려 다 앉지 못하였습니다.

② 이백만억 국토를 변화시키다

10 이 때 석가모니 부처님께서 여러 분신 부처님을 앉게 하시려고 팔방(八方)으로 각각 또다시 이백 만억 나유타 세계를 변화시켜 모두 청정케 하였습니다. 지옥과 아귀와 축생과 아수라는 없고 천신과 인간들을 옮겨 다른 국토로 보내 두었습니다.

그 변화한 나라들은 유리로 땅이 되고 보배 나무로 장엄하였으며 그 나무는 높이가 오백 유순이요, 가지와 잎과 꽃과 열매가 차례로 장엄하였습니다. 여러 보배 나무 아래에는 모두 보배로 된 사자좌가 놓였는데 높이가 오 유순이요, 갖가지 보배로 꾸며졌습니다.

또한 큰 바다와 강과 목진린타산과 마하목진린타산과 철위산과 대철위산과 수미산 등의 여러 큰 산들이 없었습니다. 전체가 한 불국토(佛國土)가 되었는데 보배로 된 땅이 평평하고 반듯하며 보배로 얽어 만든 휘장을 그 위에 덮었습니다. 여러 가지 번기와 일산을 달았으며 큰 보배 향을 사르고 여러 가지 하늘의 보배 꽃들이 땅에 두루 깔리었습니다.

③ 이백만억 국토를 다시 변화시키다

11 석가모니 부처님께서 여러 분신 부처님들을 마땅히 와서 앉게 하려고 또다시 팔방으로 각각 이백 만억 나유타 세계를 변화시켜 모두 청정케 하였습니다. 지옥과 아귀와 축생과 아수라는 없고, 천신과 인간들을 옮겨서 다른 국토로 보내 두었습니다.

그 변화한 나라들도 또한 유리로 땅이 되고 보배 나무로 장엄하였습니다. 보배 나무는 높이가 오백 유순이요, 가지와 잎과 꽃과 열매가 차례로 장엄하였습니다. 그 보배 나무 아래에는 모두 보배로 된 사자좌가 놓였는데 높이가 오 유순이요, 또한 큰 보배로 꾸며졌습니다.

역시 큰 바다와 강과 하천과 목진린타산과 마하목진린타산과 철위산과 대철위산과 수미산 등의 여러 큰산들이 없었습니다. 전체가 한 불국토가 되었는데 보배로 된 땅이 평평하고 반듯하며 보배로 얽어 만든 휘장을 위에 덮었고 여러 가지 번기와 일산을 달았습니다. 큰 보배 향을 사르고 여러 가지 하늘의 보배 꽃들이 땅에 두루 깔리었습니다.

12 이 때에 동방의 백천만억 나유타 항하사의 국토에 계시는 석가모니 부처님의 분신 부처님들이 각각 법을 설하시고 여기에 모여 왔습니다. 이와 같이 차례 차례로 시방세계에 계시던 여러 분신 부처님들이 다 모여 와서 팔방에 앉으셨습니다. 이 때 낱낱 방위(方位)의 사백만억 나유타 국토에 여러 부처님 여래들이 가득하게 찼습니다.

⑷ 다보불탑(多寶佛塔)을 열다

13 이 때 여러 부처님들께서 각각 보배나무 아래에 있는 사자좌에 앉아서 각각 시자를 보내서 석가모니 부처님께 문안(問安)을 여쭈려고 각각 보배 꽃을 한아름씩 가지고 가게 하시며 말씀하셨습니다.

"선남자여, 그대가 기사굴산(耆闍崛山) 석가모니 부처님이 계신 곳으로 가서 내 말대로 문안하라. 병환이 없으시고 괴로움도 없으시며 기력은 좋으시고 안락하시며, 보살과 성문 대중들도 다 편안하십니까?' 하고, 이 보배 꽃을 부처님께 흩어 공양하고 이렇게 말하여라.

'아무 부처님께서 함께 이 보배 탑을 열고자 합니다.' 라고 말씀드려라."

다른 부처님들도 시자들을 보내어 이와 같이 하였습니다.

이 때 석가모니 부처님께서는 분신 부처님들이 다 모여 와서 각각 사자좌에 앉아 있는 것을 보고, 또 여러 부처님들이 다 함께 보배 탑을 열고자 하는 것을 듣고는 곧 자리에서 일어나 공중에 올라가 머무시었습니다. 모든 사부대중이 일어서서 합장하고 일심으로 부처님을 바라보고 있었습니다.

14 이 때 석가모니 부처님께서 오른 쪽 손가락으로 칠보탑(七寶塔)의 문을 열었습니다. 그러자 큰 소리가 나는 것이 마치 잠겨 있는 자물쇠를 제치고 큰 성문을 여는 것과 같았습니다.

이 때에 회상(會上)에 있는 대중들이 다보여래(多寶如來)를 보니 보탑 안에서 사자좌에 앉으셨는데, 전신(全身)이 흩어지지 아니한 것이 선정(禪定)에 드신 듯하였습니다. 또 '훌륭하고 훌륭하십니다. 석가모니 부처님이시여, 이 묘법연화경을 시원하게 설하시므로 내가 이 경전을 듣기 위하여 여기에 왔습니다.'라고 하신 것을 들었습니다.

이 때에 사부대중들은 과거의 한량없는 천만억 겁 전에 열반하신 부처님께서 이렇게 말씀하시는 것을 듣고 처음 보는 일이라고 찬탄하였습니다. 그리고 천상의 보배 꽃무더기로 다보 부처님과 석가모니 부처님 위에 흩었습니다.

⑸ 석가모니불이 다보불탑에 들다

15 그 때 다보 부처님께서 보탑 안에서 앉은 자리의 반을 나누어서 석가모니 부처님께 권해드리시며 이렇게 말씀하셨습니다.

"석가모니불이시여, 이 자리에 앉으십시오."라고 하시니, 곧 석가모니 부처님께서 탑 안으로 들어가서 다보 부처님이 그 반을 비켜 놓은 자리에 결가부좌하고 앉으셨습니다.

16 이 때 대중들은 두 분의 여래께서 칠보탑 안 사자좌에 결가부좌하고 앉으신 것을 보고 이렇게 생각하였습

니다.

　'부처님의 자리가 너무 높고 멉니다. 원컨대 여래께서는 신통한 힘으로써 우리들도 함께 허공에 있게 하여 주십시오.'

　즉시에 석가모니 부처님께서 신통한 힘으로 대중들을 이끌어 허공에 있게 하였습니다.

3. 법화경 설할 때를 알리다

17 부처님께서 다시 큰 음성으로 사부대중(四部大衆)들에게 말씀하셨습니다.

　"누가 능히 이 사바세계에서 묘법연화경(妙法蓮華經)을 널리 설하겠는가. 지금이 바로 그 때이니라. 여래는 오래지 않아서 열반에 들 것이니라. 부처님은 이 묘법연화경을 부촉(咐囑)하여 두고자 하느니라."

4. 게송으로 다시 설하다

(1) 다보불탑의 출현(出現)

18 이 때 세존께서 이 뜻을 거듭 펴시려고
　게송으로 말씀하셨습니다.
　거룩하신 세존(世尊)께서
　비록 열반에 드신 지 오래 되었으나
　보탑 안에 계시는데도 오히려 법을 위해 오셨는데
　여러 사람들은 어찌하여
　부지런히 법을 위하지 않는가.
　여기 이 부처님이 열반한 지는 수없는 겁이지만
　가는 곳마다 법을 듣는 것은
　법을 만나기 어렵기 때문이니라.
　저 부처님의 본래의 소원(所願)은
　내가 열반한 뒤에라도
　어디든지 가서 항상 법화경을 듣고자 함'이니라.

(2) 분신불(分身佛)이 모이다

19 또 나의 분신(分身)인 한량없는 부처님들
　항하강의 모래와 같은 이들이 모두 와서 법을 듣고

오래 전에 열반하신 다보 여래를 친견(親見)하려고
아름다운 그 국토와 그리고 제자들과
천신·인간·용과 귀신들의 모든 공양을 다 버리고
불법(佛法)이 오래 머물도록 여기까지 오셨느니라.
여러 부처님들 앉으시라고 신통한 힘으로써
무량한 중생들을 옮겨놓고
국토를 청정하게 하였느니라.
여러 부처님들이 각각 보배 나무 아래에 앉으시니
청정한 연못 속에 연꽃으로 장엄한 듯하니라.
여러 보배 나무 아래에 사자좌가 놓였는데
부처님들이 앉으시어 광명으로 장엄하시니
캄캄한 그믐 밤에 큰 횃불을 밝힌 듯하니라.
몸에서 나는 묘한 향기가 시방 세계에 가득하여
중생들이 그 향기를 맡고
기쁜 마음을 이기지 못하느니라.
마치 큰바람이 세게 불어 작은 가지들을 눕히듯이
이와 같은 방편으로
불법(佛法)이 오래 머물게 하느니라.

(3) 석가모니불이 부촉(咐囑)하다

① 세 부처님을 들어 경전의 유통(流通)을 권하다

20 대중들에게 말하노라.
내가 열반한 뒤에는
이 경전을 누가 능히
수호(守護)하고 독송하고 설하겠는가.
오늘 여기 부처님 앞에
스스로 서원(誓願)하고 말하라.
다보 여래 부처님은 열반한 지 오래지만
크나크신 서원으로 사자후를 하시니
다보 여래 부처님과 그리고 나와
모아놓은 분신 부처님들이 이 뜻을 알리라.

21 여러 많은 불자들이여,
누가 능히 이 법을 수호할 것인가.
마땅히 큰 서원을 발하여서
오래도록 머무르게 하라.
누구든지 능히 이 경전을 수호하는 사람은
나와 다보 여래에게 공양함과 같으리라.
다보 여래 부처님이 보탑(寶塔) 안에 계시면서

시방 세계에 다니시는 것은
이 법화경을 위함이니라.
또한 모여 오신 분신 부처님께 공양하는 것이며
시방의 모든 세계를 광명으로 장엄하는 것이니라.
만약 이 경을 설하면 곧 나와 다보 부처님과
모든 분신(分身) 부처님을 친견하는 것이니라.

② 어려움을 들어 경전의 유통을 권하다

22 여러 선남자들이여, 깊이 생각하라.
이 일은 어려운 일이니 마땅히 큰 서원을 발(發)하라.
다른 여러 경전들의 그 수효가
항하 강의 모래같이 많은데
비록 이것을 다 설한다 해도
어렵다고 할 수 없고
수미산을 들어다가 저 멀리 세계 밖에
수없는 세계 밖에 던진다 하더라도
어렵다고 할 수 없느니라.
만약 발가락으로 대천세계를 들어다가
다른 세계에 멀리 던지는 일도
어렵다고 할 수 없느니라.

만약 유정천(有頂天) 위에 서서
한량없이 많은 경전을
대중들에게 널리 설하는 것도 어려운 일이 아니지만
부처님이 열반한 뒤 나쁜 세상 가운데서
이 법화경을 설하는 일은 이것이 가장 어려우니라.

23 가령 어떤 사람이 맨손으로 허공을 휘어잡고
자유롭게 다니는 일은 어려운 것이 아니지만
내가 열반한 뒤에 법화경을 손수 쓰거나
남을 시켜 쓰는 일은 이것이 가장 어려우니라.
만일 누가 땅덩어리를 발톱 위에 올려놓고
범천(梵天)까지 올라가는 것도
어려운 일이 아니지만
부처님이 열반한 뒤 나쁜 세상 가운데서
이 경전을 잠깐 읽는 일은 이것이 가장 어려우니라.

24 가령 겁화(劫火)가 활활 탈 때 마른 풀을 등에 지고
불 속에 들어가도 타지 아니하기는
어려운 일이 아니지만
내가 열반한 뒤에 이 법화경을 지니고
한 사람에게라도 말하기는 이것이 가장 어려우니라.

어떤 사람이 팔만 사천 많은 법장(法藏)과
십이부경(十二部經) 모두 지녀 사람들에게 널리 설하여
이 경을 듣는 사람들에게 여섯 가지 신통을 얻게 해도
이와 같이 하는 일은 어려울 것이 없지마는
내가 열반한 뒤에 이 경전을 듣고 받아들여서
그 이치를 묻는 것이 이것이 가장 어려우니라.

25 만약 어떤 사람이 설법을 하여
백천만억 한량없고 수가 없는 항하사의 중생들에게
아라한의 도(道)를 얻게 하고
여섯 가지 신통을 구족케 하는
이익을 얻게 해도
어려운 것이 아니지만
내가 열반한 뒤에 이 묘법연화경을
능히 받들어 지닌다면 이 일이 가장 어려우니라.

26 내가 불도(佛道)를 위해 한량없는 국토에서
처음부터 지금까지 여러 경전을 설했지만
그 많은 경전 중에서 이 법화경이 제일이니
만약 능히 지닌다면
부처님의 몸을 지니는 것이니라.

③ 유통을 권하는 의미(意味)

27 여러 선남자들이여, 내가 열반한 뒤에
이 경전을 누가 능히 수지(受持) 독송할 것인가.
지금 부처님 앞에서 원(願)을 세우고 말하여라.
이 경전은 지니기 어려우니 잠시라도 지닌다면
내가 매우 환희하고 모든 부처님들도
또한 그러하니라.
이렇게 하는 사람은 부처님들이 찬탄(讚歎)하사
이것이 용맹(勇猛)이고 이것이 정진(精進)이며
이것이 계행(戒行)을 갖는 것이요,
두타행(頭陀行)을 하는 것이니
가장 높은 부처님의 도를 하루 빨리 얻으리라.

28 어떤 이가 오는 세상에 이 경전을 읽는다면
이 사람이 참다운 불자(佛子)이며
좋은 나라에 머무는 것이니라.
부처님이 열반한 뒤에 이 이치를 해설하면
이와 같은 사람들은 천상과 세상의 눈이 되리라.
두려운 것이 많은 이 세상에 잠깐 동안 설하여도
일체 천신과 사람들이 모두 와서 공양하리라.”

12

제바달다품 提婆達多品

제12. 제바달다품(提婆達多品)

1. 제바달다는 석가모니불(釋迦牟尼佛)의 스승

(1) 제바달다와 석가모니불의 과거

1 이 때에 부처님께서 모든 보살과 천신과 인간 사부대중에게 말씀하셨습니다.

"내가 지난 옛적 한량 없는 겁 동안에 묘법연화경(妙法蓮華經)을 구하기에 게으르지 아니 하였으며, 여러 겁 동안에 항상 국왕(國王)이 되어 가장 높은 깨달음을 발원하고 구하는 데 마음이 물러서지 아니 하였느니라.

여섯 가지 바라밀다를 만족하기 위하여 부지런히 보시를 행하되, 코끼리·말·칠보·나라·도성·처자·노비·심부름꾼·머리·눈·골수·몸·살·손·발을 아끼지 아니 하였고 생명도 아끼지 아니 하였느니라.

그 때 세상 사람들의 수명이 한량이 없었지마는, 법을 위하여서 국왕의 자리를 버려 태자에게 위임하고, 북을 쳐서 명령을 내리고 사방으로 법을 구하되, '누구든지 나에게 대승법을 말하여 주는 이가 있으면 내가 마땅히 종신토록 받들어 드리고 시중 들리라.' 고 하였느니라.

2 그 때에 한 선인이 와서 왕에게 말하기를,

'나에게 대승경이 있으니 이름은 묘법연화경이라, 만일 내 뜻을 어기지 않으면 마땅히 말하여주리라' 고 하였느니라.

왕은 선인의 말을 듣고 뛸듯이 기뻐하며 곧 선인을 따라가서 모든 것을 시중 드는데, 과실을 따고 물을 긷고 땔나무를 하고 음식을 장만하며, 내지 몸으로 상(牀)도 되고 앉는 자리(座)가 되었지마는 몸과 마음이 게으르지 아니하였느니라. 그렇게 받들어 섬기기를 일천 년이 지나도록 하였으니, 법을 위하여 지성으로 시중하여 조금도 부족함이 없게 하였느니라."

(2)게송으로 다시 밝히다

3 이 때 세존께서 이 뜻을 거듭 펴시려고 게송으로 말씀하셨습니다.

"내가 생각하니 지나간 겁에

대승법(大乘法)을 구하기 위하여
비록 나라의 왕이 되었어도
다섯 가지 욕망을 탐하지 않고
종을 쳐서 사방에 고하기를, '누가 대승법을 가졌는가?
만약 나에게 말하여 주면
이 몸은 마땅히 종이 되어 섬기리라.'

4 그 때 아사타 선인(仙人)이 대왕에게 와서 말하기를,
'나에게 미묘한 법이 있어 세간에서는 희유하니라.
만일 닦아 행할 사람이 있으면
내가 마땅히 말하여 주리라.'
그 때 대왕이 선인의 말을 듣고
대단히 기쁜 마음을 내어
즉시에 선인을 따라가 모든 일을 시중 들되,
나무도 하고 나물도 캐 오고 과실도 따서
때를 따라 공경하여 받들며
묘한 법에 생각을 두고 있었기에
몸과 마음은 괴로운 줄 몰랐느니라.
널리 모든 중생들을 위하여
부지런히 대승법을 구하였느니라.

자기의 몸을 위하거나
다섯 가지 욕락은 위하지 않고
큰 나라의 왕으로서 대승법을
부지런히 구하였으므로
마침내 성불(成佛)한 것을
이제 너희들에게 말하느니라.”

(3) 석가모니불의 성불(成佛)은 제바달다의 공덕

5 부처님께서 비구들에게 말씀하셨습니다.

“그 때의 왕은 바로 내 몸이요, 그 때의 선인은 지금의 제바달다니라. 이 제바달다 선지식을 말미암은 탓에 나로 하여금 여섯 가지 바라밀다와 자비희사(慈悲喜捨)와 삼십이 거룩한 몸매와 팔십 가지 잘생긴 모양과 붉은 금빛과 열 가지 힘과, 네 가지 두려움 없음과 네 가지 포섭하는 법과 열여덟 가지 함께 하지 않는 법과 신통과 도력을 구족하고 등정각(等正覺)을 이루어 중생들을 널리 제도하게 하였으니, 이것이 모두 제바달다 선지식(善知識)을 말미암은 연고(緣故)니라

2. 제바달다는 천왕(天王) 여래가 되리라

6 여러 사부대중들에게 이르노니, 제바달다는 그 뒤에 한량없는 겁을 지내고서 부처를 이루리니, 이름이 천왕(天王) 여래·응공·정변지·명행족·선서·세간해·무상사·조어장부·천인사·불·세존이요, 그 세계의 이름은 천도(天道)라 하리라.

이 때 천왕불(天王佛)이 세상에 머물기는 이십 중겁(中劫)이니 널리 중생들을 위하여 묘법(妙法)을 설하리라. 항하사 같이 많은 중생들은 아라한과(果)를 얻고, 한량없는 중생들은 연각(緣覺)의 마음을 내고, 항하사 같이 많은 중생들이 최상의 도의 마음을 내어 무생법인(無生法忍)을 얻고 물러가지 않는 자리에 이르리라.

그 때 천왕불이 열반에 드신 뒤에 정법(正法)은 이십 중겁 동안 세상에 머물러 있을 것이니라. 전신(全身) 사리로 칠보 탑을 세우리니 높이는 육십 유순이며, 가로와 세로는 사십 유순이리라. 여러 천신들과 사람들이 여러 가지 꽃과 가루향·사루는 향·바르는 향과 의복과 영락과 당기·번기와 보배 일산과 풍류와 노래로 칠보탑에 예배하고 공양하리라. 한량없는 중생들이 아라한과를 얻고, 한량없는 중생들이 벽지불(辟支佛)을 깨닫고, 불가사의한 중생들이 보리심(菩提心)을 내어 물러가지 않는 자리에 이르리라.”

3. 제바달다품(提婆達多品)을 권하다

7 부처님께서 모든 비구들에게 말씀하셨습니다.

“오는 세상에 선남자·선여인이 이 묘법연화경의 제바달다품을 듣고 청정한 마음으로 믿고, 공경하여 의심을 내지 않는 이는 지옥이나 아귀나 축생에 떨어지지 아니하고 시방 부처님의 앞에 왕생(往生)할 것이니라. 나는 곳마다 항상 이 경전을 들을 것이며, 만일 인간에나 천상에 나면 가장 훌륭하고 묘한 낙을 받고, 부처님 앞에 나면 연꽃 위에 화생(化生)하리라.”

4. 지적(智積)보살과 문수(文殊)보살의 만남

(1) 문수보살의 교화(敎化)

8 이 때에 하방(下方)에서 다보(多寶) 세존을 따라 온 보살들이 있었으니, 이름은 지적(智積)이었습니다. 다보 부처님께 '본국(本國)으로 돌아가사이다.' 하고 말씀드렸습니다.

석가모니 부처님께서 지적보살에게 말씀하셨습니다.

"선남자여, 잠깐만 기다리라. 여기 한 보살이 있으니 그 이름은 문수사리(文殊師利)라 하느니라. 서로 만나서 묘한 법을 의논하고 본국으로 돌아가라."

9 이 때 문수사리보살이 수레바퀴와 같이 큰 천 개의 잎이 있는 연꽃 위에 앉았고, 함께 오는 보살들도 다 보배 연꽃에 앉아서, 큰 바다 속 사가라 용궁(龍宮)으로부터 저절로 솟아올라 오더니 공중에 머물러서 영축산(靈鷲山)에 이르렀습니다. 다시 연꽃에서 내려와 부처님 앞에 나아가 머리를 숙여 두 분 세존의 발에 예경하였습니다. 예경을 마치고 지적보살의 처소에 가서 서로 인사하고 한쪽에 물러가 앉았습니다.

지적보살이 문수사리보살에게 물었습니다.

"보살님이 용궁에 가서 교화(敎化)한 중생이 얼마나 됩니까?"

문수보살이 말하였습니다.

"그 수효가 한량이 없고 계산할 수 없고 입으로 설명할 수 없고 마음으로 헤아릴 수 없습니다. 잠깐만 기다리면 저절로 증명하여 알게 될 것입니다."

10 말을 다 마치기도 전에 무수(無數)한 보살들이 보배 연꽃에 앉아 바다로부터 솟아 올라와 영축산에 나아가 허공에 머물렀습니다. 이 보살들은 모두 문수사리가 교화한 사람들입니다. 보살행(菩薩行)을 갖추어서 함께 육바라밀을 논합니다. 본래의 성문들은 허공 중에서 성문행(聲聞行)을 설하다가 지금은 모두 대승(大乘)의 공(空)한 이치를 수행하는 이들입니다.

문수사리보살이 지적보살에게 말하였습니다.

"바다에서 교화한 일이 이러합니다."

(2) 지적보살의 찬탄

11 그 때 지적보살이 게송으로 찬탄하였습니다.

"큰 지혜와 덕과 용맹으로

한량없는 중생들을 교화하신 일을

이제 이 여러 회중(會衆)과 내가 다 보았습니다.

실상(實相)의 뜻을 널리 설하고

일승법(一乘法)을 열어 보이어

많은 중생들을 널리 제도하여

깨달음을 빨리 이루게 하였습니다."

5. 팔세 용녀(八世龍女)의 성불(成佛)

(1) 지적보살의 질문

12 문수사리가 말하였습니다.

"나는 바다 가운데서 오직 항상 묘법연화경만을 설하였습니다."

지적이 문수사리에게 물었습니다.

"이 경은 매우 깊고 미묘하여 여러 경전(經典) 중의 보배입니다. 세상에서 희유한 것입니다. 중생들이 부

48

지런히 정진하여 이 경을 닦아 행하면 빨리 부처님이
될 수 있습니까?”

(2) 문수보살의 설명

13 문수사리가 말하였습니다.

“사가라 용왕의 딸이 있어 나이가 여덟 살인데, 지
혜가 있고 총명하며 중생들의 근성(根性)과 행하는 업
(業)을 잘 알고 있습니다. 다라니를 얻어서 여러 부처
님께서 말씀하신 깊고 비밀한 법장(法藏)을 다 받아 지
니었습니다. 선정(禪定)에 깊이 들어가 모든 법을 분명
히 알고, 찰나 동안에 보리심을 내어 물러가지 않는 자
리를 얻었습니다. 변재가 걸림이 없고, 중생들을 어여
삐 생각하기를 갓난아기같이 여깁니다. 공덕이 구족하
여 마음으로 생각하고 입으로 연설함이 미묘하고 광대
합니다. 자비스럽고 어질고 겸양(謙讓)하며, 뜻이 화평
(和平)하여 능히 깨달음에 이르렀습니다.”

(3) 지적보살의 의심

14 지적보살이 말하였습니다.

"내가 보니 석가여래(釋迦如來)께서 한량없는 겁 동안에 어려운 고행(苦行)을 행하시며 공을 쌓고 덕을 쌓아 깨달음의 도를 구하실 적에 잠깐도 쉬지 아니 하셨습니다. 삼천대천 세계에서 겨자씨만한 곳에라도 보살의 몸과 목숨을 버리지 않는 곳이 없었습니다. 다 중생들을 위하기 때문입니다. 그런 뒤에야 깨달음〔菩提〕의 도를 이루셨는데, 이 용녀(龍女)가 잠깐 동안에 정각(正覺)을 이루었다는 말은 믿을 수 없습니다."

⑷ 용녀의 출현(出現)

15 말을 마치기도 전에 용녀(龍女)가 문득 앞에 나타나서 머리를 숙여 예경하고 한 쪽에 물러가 앉아서 게송으로 찬탄하였습니다.

　"죄와 복의 실상을 깊이 통달하시고
　시방세계를 두루 비추시며
　미묘하고 청정한 법신(法身)에
　삼십이상을 갖추었습니다.
　팔십 가지 잘생긴 모양으로 법신을 장엄하게 꾸미시니
　천상과 인간이 함께 우러르며
　용과 신들이 모두 공경합니다.

모든 중생의 무리들이 받들어
모시지 않은 이가 없습니다.
또 법을 듣고 보리를 성취함은
오직 부처님만이 아시고 증명하십니다.
나는 대승의 교법(敎法)을 설하여
고통 받는 중생들을 제도합니다.”

(5) 사리불의 의심

16 이 때 사리불이 용녀에게 말하였습니다.

“그대가 짧은 시간에 가장 높은 도(道)를 얻었다 하지만 그 일은 믿기 어렵다. 그 까닭을 말하자면, 여자의 몸은 때가 묻고 더러워서 법(法)의 그릇이 아니다. 어떻게 가장 높은 보리를 얻겠는가. 부처님이 되는 길은 아득히 멀어서 한량없는 겁을 지내면서 애써 수행을 쌓으며 여러 가지 바라밀을 구족하게 닦은 뒤에야 이루는 것이 아닌가.

또 여자의 몸에는 다섯 가지 장애가 있다. 첫째는 범천왕(梵天王)이 되지 못하고, 둘째는 제석천왕(帝釋天王)이 되지 못하고, 셋째는 마왕(魔王)이 되지 못하고, 넷째는 전륜성왕(轉輪聖王)이 되지 못하고, 다섯째는 부처님 몸이 되지 못하는 것이다. 어떻게 여자의 몸으로 빨리 성불할 수 있겠는가?"

(6) 용녀가 구슬을 바치고 성불하다

17 그 때 용녀(龍女)에게 한 보배 구슬이 있었으니, 값이 삼천대천세계와 같았습니다. 그것을 부처님께 드리니 부처님께서 곧 받으셨습니다. 용녀가 지적보살과 사리불에게 말하였습니다.

"내가 이 보배 구슬을 드리는 것을 세존께서 받으시니 그 일이 빠릅니까?"

"매우 빠르다."

용녀가 말하였습니다.

"두 분의 신통한 힘으로 나의 성불(成佛)하는 것을 보십시오. 그보다 더 빠를 것입니다."

그 때 여러 모인 이들이 보니 용녀가 잠깐 동안에 남자(男子)로 변하여 보살의 행을 갖추고 곧 남방(南方)의 무구세계(無垢世界)에 가서 보배로운 연꽃에 앉아 등정각(等正覺)을 이루었습니다. 삼십이상(三十二相)과 팔십 가지 잘생긴 모양을 갖추고 시방의 모든 중생을 위하여 미묘한 법을 설하였습니다.

(7) 대중들이 보고 이익을 얻다

18 이 때에 사바세계의 보살·성문과 천·룡 팔부와 사람과 사람 아닌 이들이 용녀가 성불(成佛)하여 널리 시회대중(時會大衆)과 천신과 인간들을 위하여 법을 설하는 것을 멀리서 보고 마음이 환희하여 멀리 예경하였습니다.

한량 없는 중생들이 법을 듣고 깨달아서 물러가지 않는 자리를 얻었습니다. 또 한량 없는 중생들이 도(道)의 수기를 받았습니다. 무구세계는 여섯 가지로 진동하고, 사바세계의 삼천(三千) 중생들은 물러가지 않는 지위에 머물렀으며, 삼천 중생들은 보리심(菩提心)을 내고 수기를 받았습니다. 지적보살과 사리불과 모든 대중들은 묵묵히 믿고 받아들였습니다.

13

권지품 勸持品

제13 권지품(勸持品)

1. 약왕(藥王)보살의 서원(誓願)

1 그 때 약왕(藥王)보살마하살과 대요설(大樂說)보살마하살이 이만(二萬) 보살 권속과 함께 부처님 앞에서 서원(誓願)을 하였습니다.

"바라옵건대 세존이시여, 염려하지 마십시오. 저희들은 부처님께서 열반하신 뒤에 이 경전을 받들어 지니고 읽고 외우고 설하겠습니다.

후세의 나쁜 세상 중생들이 선근(善根)은 적어지고 뛰어난 체하는 이가 많아 공양에 탐을 내며, 착하지 못한 뿌리를 증장(增長)시키고 해탈을 멀리 여의어 교화하기 어려우나 저희들이 마땅히 크게 참는 힘으로 이 경전을 읽고 외우고 받아 지니고 설하고 쓰며 갖가지로 공양하되, 몸과 목숨을 아끼지 않겠습니다."

2. 오백 아라한과 팔천 성문의 서원

2 이 때 대중 가운데 있던 오백 아라한으로서 수기(授記)를 받은 이들이 스스로 부처님께 말씀드렸습니다.

"세존이시여, 저희들도 서원코 다른 국토에서 이 경(經)을 널리 설하겠습니다."

또 학(學)과 무학(無學) 팔천 사람으로 수기를 받은 이들이 스스로 자리에서 일어나 합장하고 부처님을 향하여 이렇게 서원하였습니다.

"세존이시여, 저희들도 다른 국토에서 이 경전을 널리 설하겠습니다. 왜냐하면, 이 사바세계 사람들은 못된 이들이 많고 뛰어난 체하는 생각을 품었으며, 공덕이 얕고, 성을 잘 내고, 마음이 흐리고, 아첨하고, 진실하지 않기 때문입니다."

3. 교담미는 일체중생희견(一切衆生喜見)여래가 되리라

3 이 때 부처님의 이모이신 마하파사파제 비구니가 배우는 이들과 다 배운 이들 육천 비구니와 함께 자리에

서 일어나 일심(一心)으로 합장하고 부처님을 우러러보
며 잠깐도 한눈 팔지 아니 하였습니다.

이 때 세존께서 교담미(憍曇彌)에게 말씀하셨습니다.

"어찌하여 근심어린 얼굴로 여래를 보는가. 그대 마
음에 생각하기를, 내가 그대의 이름을 불러서 최상의
깨달음에 대한 수기(授記)를 주지 않는다고 여기는가.
교담미여, 내가 앞서 모든 성문(聲聞)들을 한꺼번에 들
어서 다 수기를 주었느니라. 이제 그대가 그대의 수기
를 알려거든, 오는 세상에 육만 팔천억 부처님의 법 가
운데서 큰 법사(法師)가 되고, 여기 배우는 이들과 다
배운 육천 비구니들도 모두 법사가 될 것이니라.

그대는 이리하여 점점 보살의 도를 구족하여 마땅히
부처를 이루리니, 이름이 일체중생희견(一切衆生喜見)
여래 · 응공 · 정변지 · 명행족 · 선서 · 세간해 · 무상
사 · 조어장부 · 천인사 · 불 · 세존이라 하리라.

교담미여, 이 일체중생희견불과 육천 보살들도 차례
차례 수기를 주어 최상의 깨달음을 얻게 되리라."

4. 야수다라는 구족천만광상(具足千萬光相)여래가 되
리라

4 이 때 라후라(羅睺羅)의 어머니인 야수다라(耶輸陀羅)
비구니가 이렇게 생각하였습니다.

'세존께서 수기를 주시는 가운데 유독 내 이름만을
말하지 않으시는구나.'

부처님께서 야수다라에게 말씀하셨습니다.

"그대는 오는 세상에서 백천만억 부처님의 법 가운
데서 보살의 행을 닦으며 큰 법사(法師)가 되었다가 점
점 부처님의 도를 갖추고 좋은 국토에서 마땅히 부처
를 이루리라. 이름이 구족천만광상(具足千萬光相) 여
래·응공·정변지·명행족·선서·세간해·무상사·
조어장부·천인사·불·세존이라 하리라. 그 부처님
의 수명은 무량 아승지 겁이니라."

5. 비구니들의 기쁨과 서원

5 이 때 마하파사파제 비구니와 야수다라 비구니가 그
들의 권속들과 함께 환희하여 미증유(未曾有)를 얻고

부처님 앞에서 게송으로 말하였습니다.

“세존이신 대도사께서
천신과 인간들을 편안케 하시니
저희들이 수기(授記)를 듣고
마음이 편안하고 만족합니다.”
비구니들이 이 게송을 말하고 나서
부처님께 말씀드렸습니다.
“세존이시여, 저희들도 다른 국토에서 이 경전을 널리 설하겠습니다.”

6. 팔십만억 보살들의 서원

6 이 때에 세존께서 팔십만억 나유타 보살마하살들을 보시었습니다.

이 보살들은 모두 아비발치(阿鞞跋致)로서 물러가지 않는 법륜(法輪)을 굴리며 모든 다라니를 얻은 이들이었습니다. 곧 자리에서 일어나 부처님 앞에 나아가 일심으로 합장하고 이렇게 생각하였습니다.

'만일 세존께서 우리들에게 명하여 이 경전을 지니

고 널리 설하라고 하시면 마땅히 부처님의 가르침대로
이 경을 널리 설하여 펼치리라.'

7 또 생각하기를, '부처님께서 지금 묵묵히 계시고 분
부가 없으시니 우리는 어떻게 해야 하나.' 하였습니다.

이 때 여러 보살들이 부처님의 뜻을 따르고 자기들
의 본래의 서원도 만족하려고 곧 부처님 앞에서 사자
후로 서원(誓願)을 말하였습니다.

"세존이시어, 저희들도 여래가 열반하신 뒤에 시방
세계로 다니면서, 중생들로 하여금 이 경전을 쓰고 받
아 지니고, 읽고 외우고, 그 이치를 해설하며, 법과 같
이 수행하고 바른 생각을 가지게 하겠습니다. 이것이
모두 부처님의 위신력(威神力)이오니 바라건대 세존께
서는 다른 지방에서도 멀리 보시고 보살펴 주십시오."

7. 인욕(忍辱)의 옷을 입고 경을 설하리라

8 그 때 여러 보살들이 함께 소리를 내어 게송으로 말
하였습니다.

"원컨대 염려하지 마십시오.
부처님께서 열반하신 뒤
공포스러운 나쁜 세상에서
저희들이 널리 설하겠습니다.
여러 무지한 사람들이 욕하고 매도하거나
칼과 몽둥이로 때리더라도
저희들은 마땅히 모두 참겠습니다.
악한 세상의 비구들은
삿된 지혜로 마음은 왜곡되어
얻지 못한 것을 얻었다 하며
교만한 마음이 가득할 것입니다.

9 혹은 아련야에서 누더기를 입고 한가히 앉아
참된 도를 닦는다면서 사람을 업신여기는 이가
공양과 이익을 탐내어 신도들에게 법문 설하여
세상 사람들의 공경 받기를
육신통을 얻은 아라한처럼 할 것입니다.
이런 사람들은 나쁜 마음으로
세속의 일만 생각하면서
아련야의 이름을 빌어 우리들의

허물만 들추어낼 것입니다.
또한 이렇게 말하기를 '저 모든 비구들은
공양과 이익을 탐내어 외도의 학설을 말하고
스스로 경전을 조작하여 세상 사람을 속이고
명예를 구하기 위하여 이런 경을 분별하여 해설한다.'
할 것입니다.
언제나 대중 가운데서 우리들을 훼방하면서
국왕·대신·바라문·거사와
다른 여러 비구들을 향하여
우리들이 나쁘다고 비방하기를,
'이 삿된 소견 가진 나쁜 사람이
외도들의 학설을 말한다.' 할 것입니다.

8. 인욕의 옷을 입는 이유

10 우리는 부처님을 공경하므로
여러 가지 욕설을 다 참을 것입니다.
그들이 가볍게 말하되,
'그대들이 다 부처다.' 라고 하더라도

이렇게 업신여기는 말을 우리는 모두 참아내겠습니다.

다섯 가지 흐린 세상에서 여러 가지 무서운 일 많아

나쁜 귀신이 그의 몸에 씌어

우리에게 욕하고 훼방하여도

우리는 부처님을 믿으므로

참음의 갑옷을 입을 것입니다.

이 경전을 설하기 위해

모든 어려운 일을 참아야 하나니

우리는 목숨도 아끼지 않고

최상의 도를 애호합니다.

우리들이 오는 세상에서

부처님의 부촉을 호지(護持)하겠습니다.

세존께서 살펴 주소서.

오탁악세(五濁惡世)의 나쁜 비구들은

부처님의 방편으로 알맞게 말씀하신 법을 모르고

욕설도 하고 얼굴 찡그리며 비난도 하고

때로는 종종 몰아 내쫓아

절에서 멀리 떠나게 할지라도

이와 같은 여러 가지 나쁜 일들을

부처님의 부촉을 생각하여 모두 다 참겠습니다.

9. 우리는 세존(世尊)의 사자(使者)

여러 마을과 도시에서 불법을 구하는 사람이 있으면

우리들은 그의 처소에 가서

부처님께서 부촉하신 법을 설하겠습니다.

우리들은 세존의 심부름꾼〔使者〕이라

대중 속에 있어도 두려움이 없습니다.

우리들은 마땅히 법을 잘 설하리니

부처님께서는 편안히 계십시오.

우리들은 세존과 시방에서 오신 모든 부처님 전에

이러한 서원을 말씀드리니

부처님께서는 저희들의 마음을 아실 것입니다.”

14
안락행품 安樂行品

제14 안락행품(安樂行品)

1. 법화경은 어떻게 설하는가

1 그 때 문수사리 법왕자(法王子) 보살마하살이 부처님께 말씀드렸습니다.

"세존이시여, 이 보살들이 매우 희유(稀有)하여 부처님을 순종하는 까닭에 큰 서원(誓願)을 내고 미래의 나쁜 세상에서 이 묘법연화경을 보호(保護)하고 지니며 읽고 해설하려 합니다. 세존이시여, 보살마하살이 미래의 나쁜 세상에서 어떻게 하면 이 경을 설할 수 있겠습니까?"

부처님께서 문수사리에게 말씀하셨습니다.

"만일 보살마하살이 미래의 나쁜 세상에서 이 경을 설하려면 네 가지 법에 편안히 머물러야 하느니라.

2. 수행방법(修行方法)을 해석하다

(1) 몸의 안락행(安樂行)

① 보살의 행(行)할 곳

2 첫째는 보살의 행(行)할 곳과 친근(親近)할 곳에 편안히 머물러야 중생들에게 이 경을 널리 설할 수 있느니라.

문수사리여, 무엇을 보살마하살의 행할 곳이라 하는가.

만일 보살마하살이 욕됨을 참는 자리에 머물러 있다면 부드럽고 화평하고 착하고 순종하면서 포악(暴惡)하지 않아야 하며, 마음에 놀래지도 않아야 하느니라. 또 법(法)에 대하여 행(行)한다는 것이 없이 행하며, 모든 법의 실상(實相)과 같이 관찰하며, 또한 행함도 없고 분별하지도 않아야 하느니라. 이것을 보살마하살의 행할 곳[行處]이라 하느니라.

② 보살의 첫째 친근(親近)할 곳

3 무엇을 보살마하살의 친근할 곳이라 하는가.

보살마하살은 국왕이나 왕자나 대신이나 관원들을 친근하지 말라. 또 모든 외도(外道)인 범지(梵志)나 니

건자(尼犍子)들과 세속의 문필을 일삼은 이와 외도의
서적을 찬탄하는 이와 로가야타(路伽耶陀)와 로가야타
를 거슬리는 이를 친근하지 말라. 또 흉악한 장난과 서
로 때리고 씨름하는 일과 나라연(那羅延) 등의 가지가
지 장난꾼들을 친근하지 말라.

4 또 전타라(旃陀羅)와 돼지 · 양 · 닭 · 개를 키우는 이와
사냥하고 고기 잡는 나쁜 짓을 하는 이들을 친근하지 말
아야 하느니라. 이런 사람들이 만일 오거든 그들에게 법
(法)을 말하여 줄 뿐이고 바라는 바가 없어야 하느니라.

또 성문승(聲聞乘)을 구하는 비구 · 비구니 · 우바
새 · 우바이들을 친근하지도 말고 문안하지도 말아야
하느니라. 방안에서나 거닐 때에나 강당에서도 함께
있지도 말라. 혹시 찾아오더라도 적당하게 법을 말하
여 줄 뿐 바라는 일이 없어야 하느니라.

5 문수사리여, 또 보살마하살이 여인(女人)의 몸에 대하
여 욕망을 낼 만한 모습으로 법을 말하지 말고 보기를
좋아하지도 말라. 만일 남의 집에 들어가더라도 소녀 ·
처녀 · 과부들과 더불어 함께 말하지 말아야 하느니라.

또 다섯 가지 사내 아닌 사람[不男]을 가까이 하거나 친구를 삼지 말아야 하느니라. 혼자서 다른 이의 집에 들어가지 말고, 만일 볼일이 있어서 혼자 들어가게 될 적에는 오직 일심(一心)으로 염불(念佛)을 하여야 하느니라.

만약 여인에게 법을 말하게 되거든 이를 드러내어 웃지도 말고, 가슴을 드러내지도 말라. 법을 위해서라도 친하지 말아야 하거든, 하물며 다른 일이겠는가. 나이 어린 제자나 사미나 어린애 기르기를 좋아하지 말며, 그들과 한 스승을 섬기기를 좋아하지도 말아야 하느니라.

6 항상 좌선하기를 좋아하여 한적한 곳에서 마음을 거두어들여서 닦아야 하느니라. 문수사리여, 이것을 첫째 친근할 곳이라 하느니라.

③ 보살의 둘째 친근할 곳

7 또 보살마하살이 모든 법이 공(空)하여 실상(實相)과 같음을 관찰하여 뒤바뀌지도 말고 흔들리지도 말고 물러가지도 말고 굴려지지도 말아야 하느니라. 마치 허공의 성품이 아무 것도 없는 것과 같이 온갖 말이 끊어

져서 생기지도 않고 나오지도 않고 일어나지도 않아야 하느니라. 이름도 없고 모양도 없고 실로 있는 것이 아니어서 한량없고 그지없고 걸림도 없고 막힘도 없어야 하느니라. 다만 인연(因緣)으로 있는 것이며, 뒤바뀌어 생기는 것이므로 설하느니라.

항상 이러한 법의 모양을 관찰하기 좋아해야 하나니, 이것을 보살마하살의 둘째 친근할 곳이라 하느니라.”

(2) 게송으로 거듭 밝히다

① 행처(行處)와 긴근처(親近處)를 밝히다

8 이 때 세존께서 이 뜻을 거듭 펴시려고 게송으로 말씀하셨습니다.

만일 보살들이 미래의 나쁜 세상에서
두려운 마음 없이 이 경을 설하려면
마땅히 행할 곳과 친근할 곳에 들어가되
국왕이나 국왕의 아들이나
대신과 관료들을 떠나야 하느니라.
흉악한 장난꾼이나 전타라들이나
외도와 범지들을 항상 멀리해야 하느니라.

9 또한 뛰어난 체하는 사람이나
　소승(小乘)의 삼장(三藏)을 좋아하는 이들도
　친근하지 말아야 하느니라.
　파계(破戒)한 비구들이나 이름뿐인 아라한이나
　희롱하고 웃기는 비구니들을 멀리하고
　오욕락(五慾樂)에 깊이 탐하여
　밖에 나타난 열반을 얻으려는
　그런 모든 우바이들을 친근하지 말아야 하느니라.

10 만일 이런 사람들이 좋은 마음으로
　보살이 있는 곳에 와서 불법(佛法)을 들으려 하면
　그 때에 보살은 두려울 것 없는 마음으로
　바라는 마음을 품지 말고 그에게 법을 설할지니라.
　과부나 처녀나 여러 가지 남자 아닌 이〔不男〕를
　가까이 하거나 친근하지 말고
　백정이나 망나니와 사냥하고 고기 잡고
　이익을 위해 살생하는 사람들을 가까이 하지 말라.
　어육(魚肉)을 팔아 생활하며 몸을 파는 여자들
　그러한 사람들도 친근하지 말지니라.

11 흉악하게 씨름하는 이와 여러 가지 장난꾼과

음란한 여자들을 가까이 하지 말라.

으슥하고 외딴 곳에서 여인에게 설법하지 말며

만약 법을 설하려면 희롱하며 웃지 말라.

마을에 가서 걸식(乞食)할 때는

다른 비구와 함께 가며

만약 다른 비구가 없을 때는

일심으로 염불(念佛)하라.

이것을 이름하여 행할 곳과 친근할 곳이라 하나니

이와 같은 두 곳에서 편안하게 법을 설할지니라.

② 진리는 멀고 가까움이 아니다

12 또 상품 · 중품 · 하품의 법과

유위(有爲) 무위(無爲)와 진실과 진실 아닌 법을

그런 법을 행하지 말라.

또한 남자와 여자를 분별하지 말라.

모든 법을 얻지 못하여

알지도 못하고 보지도 못하므로

이를 일러 보살의 행할 곳이라 하느니라.

일체의 모든 법은 공(空)하여 아무 것도 없고

항상 머무는 것이 없으며

일어나지도 멸하지도 않나니
이런 것을 지혜 있는 이의 친근할 곳이라 하느니라.

13 전도(顚倒)되게 분별하는 것은
모든 법이 유(有)다, 무(無)다.
진실이다, 진실이 아니다. 생(生)이다, 불생(不生)이
다. 라고 하는 것이니라.
한적한 곳에 가만히 있어 마음을 거둬들여 닦으면서
안주(安住)하여 움직이지 말기를 수미산과 같이하라.
온갖 법이 모두 공(空)해서 아무 것도 없는 것이
마치 허공과 같아서 견고한 것도 없고
생기지도 않고 나오지도 않으며,
흔들리거나 물러가지 아니함을 관찰하여
항상 한 모양에 머무는 것이
이것이 친근할 곳이니라.

③ 제일(第一) 행법(行法)의 성취

14 만일 어떤 비구가 내가 열반한 뒤에
이러한 행할 곳과 친근할 곳에 들어가면
이 경전 설할 적에 겁약(怯弱)하지 않으리라.

보살이 어떤 때에 고요한 방에 들어가서
바르게 기억하는 것으로써 이치에 따라 법을 관하고
선정(禪定)에서 일어나면 여러 나라 임금들과
왕자와 신하와 백성들과 바라문들을 위하여
이 경전을 열어 보이고 연설하여 교화하면
그 마음은 편안하여 겁약할 것이 없느니라.
문수사리 보살이여, 이것을 일러
보살들의 첫 법에 안주하는 것이며
능히 오는 세상에 법화경(法華經)을
설할 수 있으리라.”

(3) 입의 안락행

① 입의 안락행의 행법

15 “또 문수사리여, 여래가 열반한 뒤에 말법(末法) 세상에서 이 경전을 설하려거든 안락(安樂)한 행에 머물러야 하느니라.

만일 입으로 설하거나 만일 경을 읽으려거든 사람들과 경전의 허물을 말하지 말라. 또한 다른 법사들을 가볍게 여기거나 업신여기지 말고, 다른 이의 좋은 일·

나쁜 일과 잘 잘못을 말하지 말아야 하느니라.

성문들을 대해서도 이름을 불러가며 허물을 말하지도 말고, 또한 이름을 불러가며 잘한다고 칭찬하지도 말라. 또 원망하고 싫어하는 마음도 내지 말지니라.

② 입의 안락행의 행법의 성취

16 이와 같은 안락한 마음을 잘 닦기 위하여 모든 듣는 이들의 뜻을 어기지도 말며, 묻는 일이 있으면 소승법(小乘法)으로 대답하지 말고 다만 대승법(大乘法)으로 해설하여 그들로 하여금 일체 지혜를 얻게 해야 할 것이니라."

(4) 게송으로 거듭 설하다

① 입의 안락행의 행법

17 이 때에 세존께서 이 뜻을 거듭 펴시려고 게송을 말씀하셨습니다.

보살이 항상 편안하게 설법(說法)하기를 즐겨하면
맑고도 깨끗한 곳에 법상(法床)을 차려놓고
몸에는 향유(香油)를 바르고

더러운 때를 씻어버리고
깨끗한 새 옷을 입어 안과 밖이 모두 깨끗하게 하라.

18 법상에 편안히 앉아 묻는 대로 대답하며
비구나 비구니나 우바새나 우바이나
국왕이거나 왕자거나 신하들과 백성들에게
미묘한 이치를 화평한 얼굴로 말하라.
만일 질문하는 사람이 있으면 이치에 맞게 대답하되
인연과 비유로써 분별하여 설하라.
이와 같은 방편으로 모두 다 발심(發心)케 하며
점점 나아가서 부처님의 도(道)에 들게 하라.
게으른 마음들은 모두 제거하여 없애버리고
온갖 근심과 걱정들을 다 여의고
자비롭게 법을 설하라.

19 밤과 낮으로 어느 때나
가장 높은 도(道)를 말하고 가르치되,
여러 가지 인연과 한량없는 비유로써
중생들에게 열어주고 보여줘서
모두 다 환희하게 하되

옷과 이부자리와 음식과 탕약(湯藥)들에 대해서
그 가운데 한가지도 바라는 생각이 없고
한결같은 마음으로 법(法)의 인연(因緣)을 말해서
성불(成佛)하려고 원력을 세우고
중생들도 그렇게 하면
이것이 곧 큰 이익(利益)이요,
안락(安樂)한 공양이니라.

② 제이(第二) 행법의 성취

20 내가 열반한 뒤에 만일 어떤 비구가
이와 같은 묘법연화경을 능히 설하되
성내고 질투하고 고뇌하고 장애되는 일이 없고
근심 걱정하는 일과 꾸중하는 사람도 없고
칼이나 몽둥이로 맞을 두려움도 없고
쫓겨나는 일도 없나니
참는 데 안주(安住)한 까닭이니라.
지혜로운 사람은 이와 같이 마음을 잘 닦아
안락행(安樂行)에 머무는 것이 나의 말과 같으리라.
그 사람의 이런 공덕은 천만억 겁을 지내면서
산수와 비유로도 다 말할 수 없느니라."

(5) 마음의 안락행

① 마음 안락행의 행법

21 "또 문수사리여, 보살마하살이 오는 말법시대에 법이 없어지려 할 적에 이 경전을 받아 지니고 읽고 외우려 하는 사람은 질투하고 속이려는 마음을 품지 말라. 또 불도를 배우는 이를 업신여기고 꾸짖어서 그의 잘잘못을 찾아내려 하지 말아야 하느니라.

만일 비구·비구니·우바새·우바이로서 성문(聲聞)을 구하는 사람, 벽지불(辟支佛)을 구하는 사람, 보살(菩薩)의 도를 구하는 사람들을 괴롭게 하지 말아야 하느니라. 그들로 하여금 의심하고 뉘우치게 하려고 그들에게 말하기를 '그대들은 도(道)에 나아가기가 매우 멀어서 마침내 갖가지 지혜를 얻지 못하리라. 왜냐하면, 그대들은 방일(放逸)한 사람으로서 도에 대하여 게으른 때문이라.'고 하지 말아야 하느니라. 또 마땅히 모든 법을 희롱거리로 말하여 쟁론하고 다투는 일이 없어야 하느니라.

22 마땅히 모든 중생들에게 어여삐 여기는 생각을 내고, 여래에게는 인자한 아버지라는 생각을 내고, 모든 보살들에게는 큰 스승이라는 생각을 내어야 하느니라. 시방의 모든 대보살들에게는 항상 간절한 마음으로 공경하고 예배하라. 모든 중생에게는 평등하게 법을 말하되 법에 순응하여 많이 말하지도 말고 적게 말하지도 말라. 비록 법을 매우 사랑하는 사람에게라도 너무 많이 말하지 말아야 하느니라.

② 마음 안락행의 행법의 성취

23 문수사리어, 이 보살마하살이 미래의 말세(末世)에 법이 없어지려 할 때에 이 셋째 안락행(安樂行)을 성취한 사람은 이 법을 설할 적에 괴롭히고 시끄럽게 하는 이가 없을 것이니라. 좋은 동학(同學)을 만나서 함께 이 경전을 읽고 외우게 되고, 또 많은 대중들이 와서 들을 것이니라. 듣고는 지니고, 지니고는 외우고, 외우고는 널리 설하고, 널리 설하고는 쓰며, 혹 다른 이로 하여금 쓰게 하여 경전을 공양 공경하고 존중 찬탄할 것이니라."

(6)게송으로 거듭 설하다

① 마음 안락행의 행법

24 이때 세존께서 이 뜻을 거듭 펴시려고 게송으로 말
씀하셨습니다.
　“이 경전을 설하려는 사람은
　질투하고 성내고 교만하고
　아첨하고 속이는 삿되고 거짓된 마음을 버리고
　항상 질박하고 곧은 행을 닦으며
　사람들을 가벼이 여기거나 멸시하지 말고
　또한 법을 희롱거리로 논하지 말며
　다른 이를 의심하고 한스럽게 하여
　너는 성불할 수 없다고 하지 말라.

25 이 불자(佛子)가 법을 설하되
　항상 부드럽고 온화하고 참으며
　모든 이를 자비로 대하여
　게으른 마음을 내지 말라.
　시방의 대보살들은
　중생들을 불쌍히 여겨서 도를 행하나니

마땅히 공경하는 마음을 내어
나의 큰 스승이라고 여겨야 하느니라.
모든 부처님 세존께는
가장 높은 아버지라는 생각을 내어
교만한 마음을 깨뜨리면
법을 설하기에 장애가 없으리라.

② 제삼(第三) 행법의 성취

26 셋째 법이 이와 같나니
지혜 있는 사람은 잘 수호하여
일심으로 안락하게 행하면
한량없는 중생들이 공경하리라."

(7) 서원(誓願)의 안락행

① 서원 안락행의 행법

27 "또 문수사리어, 보살마하살이 미래의 말세에 법이 없어지려 할 때에 이 묘법연화경을 지니려는 사람은 집에 있는 사람이나 출가(出家)한 사람에게 크게 인자한 마음을 낼지니라. 보살이 아닌 이에게도 크게 어여

삐 여기는 마음을 내고 마땅히 생각하기를, '이 사람들은 큰 손실이 있는 사람들이다. 여래께서 방편으로 마땅하게 말씀하신 법을 듣지도 못하고 알지도 못하고 깨닫지도 못하며, 묻지도 않고 믿지도 않고 이해하지도 못하는구나. 이 사람들이 비록 이 경을 묻지도 않고 믿지도 않고 이해하지 못하더라도 내가 최상의 깨달음을 얻게 되면, 어디 있더라도 신통의 힘과 지혜의 힘으로 이끌어서 이 법 가운데 머물게 하리라.' 해야 할 것이니라.

② 제사(第四) 행법의 성취

28 문수사리여, 이 보살마하살이 여래가 열반한 뒤에 이 넷째 법을 성취한 사람은 이 법을 설할 때에 허물이 없을 것이니라. 항상 비구 · 비구니 · 우바새 · 우바이 · 국왕 · 왕자 · 대신 · 인민 · 바라문 · 거사 등이 공양 공경하고 존중 찬탄할 것이니라. 허공의 천신들이 법을 듣기 위하여 항상 따라다니며 모실 것이니라.

만일 마을이나 성읍(城邑)이나 한가한 산림(山林) 속에 있을 적에 어떤 사람이 와서 어려운 질문을 하려 하면, 모든 천신들이 밤낮으로 법을 위하여 호위하고 듣는 이들로 하여금 기쁘게 할 것이니라. 왜냐하면 이 경전은 모든 과거·미래·현재의 부처님들이 신력으로 수호(守護)하시기 때문이니라.

3. 법화경의 존귀(尊貴)함을 말하다

(1) 법을 말하다

29 문수사리여, 이 법화경은 한량없는 국토에서는 이름도 듣지 못하거든, 하물며 얻어 보고 받아 지니고 읽고 외울 수 있겠는가.

(2) 계명주(髻明珠)의 비유

30 문수사리여, 비유하자면 마치 어떤 힘이 센 전륜성왕(轉輪聖王)이 위력으로 여러 나라의 항복을 받으려 할 적에 작은 왕들이 그 명령을 순종하지 않으면 전륜성왕이 여러 가지 군대를 보내서 그들을 토벌하느니라.

전륜성왕이 군인들 중에 싸워서 공(功)이 있는 이를

보고는 크게 환희하여 공을 따라 상급(賞給)을 주는데, 혹 집과 전답과 마을과 고을을 주기도 하고, 의복과 몸을 장엄할 것을 주기도 하느니라. 혹은 가지가지의 보물인 금·은·유리·자거·마노·산호·호박·코끼리·말·수레·노비·인민을 주기도 하느니라. 그러나 상투에 꽂아 놓은 밝은 구슬[髻明珠]은 주지 않느니라. 왜냐하면, 오직 전륜성왕의 정수리에만 이 밝은 구슬이 있는데, 만일 이것을 주면 반드시 왕의 권속들이 놀라고 괴이하게 여기기 때문이니라.

(3) 비유에서 법을 밝히다

31 문수사리여, 여래도 그와 같아서 선정과 지혜의 힘으로 불법의 국토를 얻어 삼계(三界)의 왕이 되었는데, 마왕(魔王)들이 순종하여 항복하지 않으면 여래의 현성장군(賢聖將軍)들이 함께 싸우느니라. 그래서 공이 있으면 마음이 또한 환희하여 사부대중 중에서 여러 가지 경전을 설하여 마음을 기쁘게 하고, 선정·해탈과 무루(無漏)와 오근(五根)과 오력(五力)과 모든 불법(佛法)의 재물을 주기도 하느니라. 또 열반의 성을 주어 멸도(滅度)를 얻었다고 하며, 그 마음을 인도(引導)하여 모두를 기쁘게

하면서도 법화경(法華經)은 설하여 주지 않느니라.

(4) 계명주를 받는 사람

32 문수사리여, 전륜성왕이 군인들 가운데서 큰 공을 세운 사람을 보고는 매우 기뻐서 그 믿기 어려운 명주 (明珠)를 오랫동안 상투 속에 꽂아두고 다른 이에게 함부로 주지 않던 것을 지금 비로소 상으로 주느니라.

(5) 여래의 비밀하고 요긴한 가르침

33 여래도 또한 그와 같아서 삼계의 대법왕(大法王)으로서 바른 법으로 모든 중생들을 교화하다가 현인 · 성인의 군사가 오음마(五陰魔) · 번뇌마(煩惱魔) · 사마(死魔)와 싸워서 큰 공을 세워 삼독을 멸하고 삼계에서 뛰어나 마(魔)의 그물을 깨뜨리면, 그 때에 여래도 크게 환희하느니라. 그래서 중생들로 하여금 온갖 지혜에 이르게 하는 이 법화경을 모든 세간에서 원망이 많고 믿지 아니 하여 설하지 아니 하던 것을 지금에야 비로소 설하는 것이니라.

문수사리여, 이 법화경은 모든 여래의 제일 훌륭한

말씀이니라. 여러 가지 말씀 가운데서 가장 깊은 것이
어서 끝에 가서야 일러주는 것이니라. 마치 저 힘이 센
왕이 오래 보호하던 명주(明珠)를 지금에야 주는 것과
같으니라.

문수사리여, 이 법화경은 모든 부처님 여래의 비밀한
법장(法藏)으로 모든 경전 가운데 가장 으뜸가는 것이니
라. 긴긴 밤 동안 수호하고 망령되이 설하지 않던 것을
오늘에야 비로소 그대들에게 널리 펴서 설하여 주는 것
이니라.”

4. 게송으로 거듭 설하다

(1) 법을 말하다

34 이 때 세존께서 이 뜻을 거듭 펴시려고 게송으로 말
씀하셨습니다.

“항상 인욕을 행하고 모든 중생들을 불쌍히 여겨야
부처님이 찬탄하시는 이 경전을 설할 수 있느니라.
미래의 말세에서 이 경전을 지니는 이는
집에 있거나 출가했거나 보살이 아닌 이에게까지

자비한 마음 내야 하나니
이런 이들이 이 경전을 듣지 못하고
믿지도 않아 큰 손실을 입느니라.
내가 불도(佛道)를 얻어서 여러 가지 방편으로
이 법을 설하여 그 가운데 머물게 하느니라.

(2) 비유를 들다

35 비유하여 말하면 어떤 힘이 센 전륜성왕이
전쟁을 하고 공이 있는 사람에게
여러 가지로 상을 주는데
코끼리 · 말 · 수레와 몸을 장엄하는 도구와
좋은 저택과 전답이며
마을과 도성을 주기도 하느니라.
혹은 입을 옷도 주고 갖가지 보배들과
노비와 재물들을 환희하여 상으로 주느니라.
용맹하고 날랜 군사가 훌륭한 공을 세웠으면
상투 속에 꽂아두었던
명주(明珠)를 뽑아서 상으로 주느니라.

(3) 비유에서 법을 밝히다

36 여래도 그와 같아서 법의 왕이 되어서

인욕의 큰 힘과 지혜의 보물 창고와
대자비(大慈悲)로써 여법(如法)하게
세상을 교화하느니라.
모든 사람들이 번뇌에 시달리면서
해탈(解脫)을 구하려고 마군들과 싸우는 것을 보고
이런 중생들을 위하여 갖가지 법을 설할 적에
크나큰 방편으로 여러 가지 경전을 말하다가
이 때에 그 중생들이 힘을 얻은 줄을 알고는
나중에야 그를 위해 법화경을 설하느니라.
전륜성왕이 상투에 꽂았던 명주를
주는 것과 같으니라.
이 법화경은 존귀하여 모든 경전 중의 으뜸이라.
내가 항상 수호하고 함부로 말해 주지 않았다가
지금이 바로 그 때이기에 그대들에게 설하노라.

5. 네 가지 안락행(安樂行)의 성취(成就)

(1) 안락행의 과보(果報)

37 내가 열반한 뒤에 불도(佛道)를 구하는 사람이

편안하게 이 경전을 널리 설하려 하면
이러한 네 가지 법을 마땅히 친근(親近)하라.
이 경전을 읽는 이는 근심 걱정이 항상 없고
다른 병도 없어지고 얼굴은 깨끗하며
빈궁하고 하천(下賤)한 데 태어나지 아니하니라.

38 중생들이 좋아하기를 성현(聖賢)을 사모하듯이 하며
천신들과 동자들이 따라서 시중을 들리라.
몽둥이나 칼로도 범하지 못하고
독약도 해치지 못하리라.
어떤 이가 욕설을 하면 그 입이 막혀지고
두루 돌아다니어도 사자처럼 두렵지 않아
지혜의 밝은 광명이 해와 같이 비치리라.

(2) 모든 번뇌가 소멸하다

39 꿈을 꾸는 속에서도 좋은 일만 보게 되니
부처님 여래께서 사자좌에 앉았거든
비구 대중들이 둘러싸고 법을 설하며
또 용왕과 신장들과 아수라 무리들의
항하 강의 모래처럼 많은 이들이 공경하고 합장하면
자기 자신이 그 속에서 설법함을 보게 되리라.

40 또 보면 많은 부처님들의 몸이 금빛인데
한량없는 광명을 놓아 온갖 것에 비치며
청정한 음성으로 온갖 법을 널리 설하고
부처님이 사부대중들에게 가장 높은 법을 설하는데
자기 몸이 그 속에서 합장하고 찬탄하며
법을 듣고는 환희하여 부처님께 공양하고
다라니를 얻어 물러가지 않는 지혜를
증득(證得)하느니라.
부처님이 그 마음이 불도에 깊이 든 것을 알고는
정각(正覺)을 이루리라고 수기(授記)를 주시니라.
'그대 선남자들이여, 장차 오는 세상에서
한량없는 지혜를 얻어 부처님의 큰 도를 이루리니
그 국토는 엄정하여 크고 넓기 짝이 없고
사부대중들이 모여 앉아 합장하고 법을 들으리라.'

41 또 보니 자기 자신이 산림 속에 앉아 있어서
좋은 법을 닦아 익혀 실상(實相)을 증득하고
선정(禪定)에 깊이 들어
시방의 부처님을 친견하리라.
부처님의 몸이 금빛이요,

온갖 복된 모양으로 장엄하였는데
법을 듣고는 다른 이에게 설법하리니
이런 좋은 꿈을 언제나 꾸게 되리라.

42 어떤 때는 꿈에 국왕이 되어
궁전과 권속들을 다 버리고
다섯 가지 욕망도 마다하고 보리도량으로 나아가서
보리수 나무 아래 사자좌에 앉아 있으며
도를 구하기 칠 일이 넘으면 부처님의 지혜를 얻어
가장 높은 도를 성취한 뒤에
일어나 법륜(法輪)을 굴리리라.
사부대중에게 법문(法門)을 설하기를
천만억 겁을 지내나니
무루(無漏)의 묘한 법을 설하여
한량없는 중생들을 제도하고
그런 뒤에 열반에 드는 것이
연기가 사라지고 등불이 꺼지듯 하리라.
만약 미래의 나쁜 세상에서 이 제일의 법을 설하면
이 사람이 큰 이익을 얻는 것이
위에서 말한 온갖 공덕(功德)과 같으리라.

15

종지용출품 從地涌出品

제15 종지용출품(從地涌出品)

1. 타방(他方) 보살들이 경전 설할 것을 청하다

1 이 때에 다른 세계에서 온 보살마하살들이 여덟 항하사의 수효보다 많았습니다. 이들이 대중 가운데서 일어나 합장 예배하고 부처님께 말씀드렸습니다.

"세존이시여, 만일 저희들이 부처님께서 열반(涅槃)하신 뒤에 이 사바세계에서 부지런히 정진하며 이 경전을 수호(守護)하여 읽고 외우고 써서 공양할 것을 허락하신다면 마땅히 이 국토에서 널리 설하겠습니다."

2. 부처님께서 허락하지 않다

2 그 때 부처님께서 보살마하살들에게 말씀하셨습니다.

"그만두어라. 선남자들이여, 그대들이 이 경전을 수호할 것이 없느니라. 왜냐하면, 이 사바세계에는 육만 항하사의 보살마하살들이 있고, 그 하나 하나의 보살마다 각각 육만 항하사의 권속들이 있느니라. 이 모든 사람들이 내가 열반한 뒤에 능히 이 경전을 수호하여 지니고 읽고 외우고 널리 설할 것이니라."

3. 세계가 진동하며 한량없는 보살들이 솟아오르다

(1) 보살들의 모습과 주처(住處)와 권속(眷屬)

3 부처님께서 이렇게 말씀하실 적에 사바세계인 삼천대천세계의 땅이 모두 진동하고 갈라지면서 그 가운데에 있던 한량없는 천만억 보살마하살이 한꺼번에 솟아 올라 왔습니다. 이 보살들의 몸은 다 금빛이요, 삼십이상(三十二相)을 갖추고 한량없는 광명으로 빛났습니다. 그들은 모두 그 전부터 이 사바세계의 아래 세계의 허공 중에 있었습니다. 이 모든 보살들이 석가모니 부처님께서 말씀하시는 음성을 듣고 밑으로부터 올라온 것입니다.

4 그 하나 하나의 보살들은 모두 대중들을 인도하는 지도자로서 각각 육만 항하사의 권속들을 거느리고 있었습니다. 뿐만 아니라, 오만 항하사 권속·사만 항하사 권속·삼만 항하사 권속·이만 항하사 권속·일만 항하사 권속들을 거느리기도 했습니다.

또 한 항하사의 권속·반 항하사의 권속·사분의 일 항하사의 권속과 내지 천만억 나유타분의 일 항하사의 권속을 거느린 보살도 있었습니다. 또 천만억 나유타 권속·억만 권속·천만 권속·백만 권속을 거느린 보살도 있었습니다. 또 일만 권속·일천 권속·일백 권속·열 명의 권속과 내지 다섯 제자·네 제자·세 제자·두 제자·한 제자만을 거느린 보살도 있었습니다. 또 단신(單身)으로 멀리 여의는 행(行)을 좋아하는 이들이 한량없고 그지없어 산수나 비유로는 다 알 수 없었습니다.

(2) 두 세존께 예경(禮敬) 찬탄(讚歎)하다

5 이 모든 보살들이 땅에서 솟아 나와서는 각각 허공으로 나아가 칠보탑 안에 계신 다보여래(多寶如來)와 석가모니불의 처소에 이르러 두 세존(世尊)께 머리를 숙

여 예배하였습니다. 또 모든 보배나무 아래 사자좌에 앉으신 부처님 처소에 이르러서도 그와 같이 예배하고 오른쪽으로 세 번씩 돌고 합장 공경하여 모든 보살의 찬탄하는 법대로 찬탄하고는 한쪽에 머물러서 기쁜 마음으로 두 세존을 우러러 뵈었습니다.

이 여러 보살마하살들이 땅에서 솟아 올라와서 모든 보살의 찬탄하는 법으로 부처님을 찬탄할 때까지 그 시간은 오십 소겁이 걸렸습니다. 이 때 석가모니 부처님께서 묵묵히 앉으셨습니다. 모든 사부대중들도 역시 묵묵히 있었는데, 그 오십 소겁이 부처님의 신통한 힘으로써 모든 대중은 한 나절같이 생각되었습니다.

이 때에 사부대중들이 역시 부처님의 신통한 힘을 입어 모든 보살들이 한량없는 백천만억 국토의 허공에 가득함을 보게 되었습니다.

⑶ 네 도사(導師)들의 문안(問安)

6 이 보살대중들 가운데 네 명의 도사(導師)가 있었습니다. 하나는 상행(上行)이요, 둘은 무변행(無邊行)이요, 셋은 정행(淨行)이요, 넷은 안립행(安立行)이었습니다. 이 네 보살들이 그 대중들 가운데서 가장 으뜸으로 대

중을 인도하는 도사(導師)가 되었습니다.

7 대중들 앞에서 각각 다 함께 합장하고 석가모니불을 뵈옵고 문안드리며 말씀드렸습니다.

"세존이시여, 병이 없으시고 괴로움도 없으시며, 안락히 지내십니까? 제도(濟度)를 받을 사람들은 교화를 잘 받습니까? 세존을 피로하게 하지나 않습니까?"

이 때 네 보살들이 게송으로 말하였습니다.

"세존께서 안락하시며 병도 없고 괴로움도 없습니까?
중생들을 교화하시기에 피곤하지 않으십니까?
또 모든 중생들은 교화(敎化)를 쉽게 받습니까?
세존으로 하여금 피로하게 하지는 않습니까?"

(4) 부처님의 답(答)

8 이 때 세존께서는 보살 대중 가운데서 이렇게 말씀하셨습니다.

"그러하니라. 그러하니라. 여러 선남자들이여, 여래는 안락(安樂)하고 병이 없고 괴로운 일도 없느니라. 중생들도 제도하기 쉬워 피로하지 아니하니라.

왜냐하면, 이 모든 중생들은 세세생생에 항상 나의

교화를 받았고, 과거의 여러 부처님께도 공양하고 존중하며 모든 선근(善根)을 심었느니라. 이 중생들이 처음에 내 몸을 보고 내 말을 듣고는 곧 모두 믿었으며, 여래의 지혜에 들어갔느니라. 다만 예전부터 소승(小乘)을 배워 익힌 사람들만 제외하나니 이런 사람들도 내가 이제 그들로 하여금 이 경을 듣고 부처님의 지혜에 들어가게 하느니라."

(5) 보살들의 수희(隨喜)

9 이 때 모든 보살들이 게송으로 말하였습니다.
"훌륭하고 훌륭하십니다. 대웅(大雄) 세존이시여,
여러 중생들을 쉽게 교화하여 제도하시며
모든 부처님의 깊은 지혜를 능히 묻고
듣고 나서는 믿고 행한다 하오니
저희들도 따라서 기뻐합니다."

이 때 세존께서 여러 상수(上首) 보살들을 칭찬하셨습니다.
"훌륭하고 훌륭하여라. 선남자들이여, 그대들이 능히 여래에게 따라서 기뻐하는 마음을 내는구나."

4. 미륵보살의 의문(疑問)

(1) 의문을 풀고자 하다

10 그 때 미륵보살과 팔천(八千) 항하사 보살들이 모두 이렇게 생각하였습니다.

'우리들이 옛적부터 지금까지 이러한 대보살 마하살들이 땅에서 솟아 올라와서 세존 앞에 있으면서 합장하고 공양하며 여래께 문안 여쭙는 것을 보지도 못하고 듣지도 못하였다.'

이 때 미륵보살 마하살이 팔천 항하사 보살들의 생각을 알았으며, 자신의 의심도 풀고자 하였습니다.

(2) 미륵보살이 게송으로 묻다

11 미륵보살이 합장하고 부처님께 게송으로 여쭈었습니다.

"한량이 없는 천만억 여러 보살대중들은
일찍이 보지 못했으니
양족존(兩足尊)께서 말씀하여 주십시오.
이들은 어디에서 왔으며
무슨 인연(因緣)으로 모였습니까?

엄청나게 큰 몸과 큰 신통과
지혜도 불가사의합니다.
뜻과 생각이 견고하고
크게 인욕(忍辱)하는 힘이 있어서
중생들이 친견하기 좋아하오니 어디에서 왔습니까?

(3) 솟아 나온 보살들의 수량(數量)

12 하나 하나의 보살들이 데리고 온 권속들이
그 수효가 한량이 없어
항하강의 모래수와 같습니다.
어떤 대보살의 권속은 육만 항하사인데
이렇게 많은 대중들이
일심으로 불도(佛道)를 구하며
이 여러 큰 스승님들 육만 항하사나 되는 분들이
함께 와서 부처님께 공양하고
이 경전을 수호(守護)합니다.
오만 항하사의 권속을 거느린 보살은
그 수효가 이보다 더 많으며
사만 항하사나 삼만 항하사, 이만, 일만 항하사
일천 항하사, 일백 항하사

내지 일 항하사도 있습니다.

반 항하사, 삼분의 일 항하사, 사분 일 항하사

내지 억만분의 일 항하사이며

천만 나유타의 권속과 만억의 제자들을 거느렸습니다.

또 반 억의 권속을 거느린 이는

그 수효가 이보다 더 많고

백만 권속, 내지 일만 권속, 일천 권속,

일백 권속이며 오십, 열, 내지 셋, 둘,

하나의 권속을 거느린 이도 있습니다.

권속은 없고 단신으로 혼자 있기를 좋아하는 보살들까지

모두 부처님께 함께 오니

그 수효는 더욱 더 많습니다.

이렇게 많은 대중들을 어떤 사람이 산수로 헤아려

항하사 겁을 지내도 다 알 수 없습니다.

(4) 그들의 스승을 묻다

13 이렇게 큰 위덕(威德)을 갖추고

정진하는 보살대중들은

누가 그에게 법을 설하여 교화하고 성취하였습니까.

누구에게서 처음 발심(發心)하고

어느 부처님의 법을 드날리며
무슨 경전을 받아 지니며
어느 부처님의 도를 닦습니까.

⑸ 의문을 풀어 주기를 청하다

14 이렇게 많은 보살들의 신통과 큰 지혜의 힘은
사방의 땅이 진동하고 갈라지면서
그 속에서 숫아 올라왔으니
세존이시여, 저희가 예전에
이런 일을 본 적이 없습니다.
그들이 떠나온 국토의 이름을 말씀하여 주십시오.
저희가 여러 국토를 다녔지만
이러한 대중들을 못 보았습니다.
이 여러 대중 가운데 한 사람도 알지 못하는데
갑자기 땅에서 숫아 나온
그 인연을 말씀하여 주십시오.
지금 이 회중(會衆)에 있는 한량없는 백천억
수많은 보살들도 이 일을 알고자 합니다.
이 여러 보살들의 처음과 나중의 인연을
무량한 위덕(威德)의 세존께서 설하시어
저희들의 의심을 풀어주십시오.”

5. 타방 보살들의 의문

15 이 때 석가모니 부처님의 분신인 여러 부처님들로 한량없는 천만억이나 되는 다른 국토에서 오신 이들이 팔방(八方)의 보배 나무들 아래에 있는 사자좌에서 결가부좌하고 앉아 있었습니다. 그 부처님들의 시자(侍者)들도 각각 이 보살 대중이 삼천대천세계의 사방의 땅에서 솟아올라와 허공에 머물러 있는 것을 보고 각각 그 부처님께 말씀드렸습니다.

"세존이시여, 이 한량없고 그지없는 아승지 보살대중들이 어디에서 왔습니까?"

16 그 때 여러 부처님들께서 각각 그 시자들에게 말씀하셨습니다.

"선남자들이여, 잠깐만 기다려라. 여기에 보살마하살이 있으니 이름은 미륵(彌勒)이니라. 석가모니 부처님의 수기(授記)를 받아 이 다음에 성불할 것이니라. 이미 이 일을 물어서 부처님께서 곧 대답하시리라. 그대들은 스스로 마땅히 듣게 되리라."

6. 여래의 지혜와 힘을 표하다

(1) 장항(長行)

17 이 때 석가모니 부처님께서 미륵보살에게 말씀하셨습니다.

"훌륭하고 훌륭하다. 아일다여, 그대가 능히 부처님의 이와 같은 큰 일을 묻는구나. 그대들은 다같이 일심으로 정진(精進)의 갑옷을 입고 견고한 마음을 내어라. 여래가 지금 여러 부처님의 지혜와, 여러 부처님의 자재한 신통의 힘과, 여러 부처님의 사자가 격분하는 듯한〔奮迅〕 힘과, 여러 부처님의 위엄(威嚴) 있고 용맹하고 크신 세력을 나타내어 보이려 하느니라."

(2) 게송(偈頌)

18 그 때 세존께서 이 뜻을 거듭 펴시려고 게송으로 말씀하셨습니다.

"마땅히 일심으로 정진하라.
내 이제 이 일을 말하리니
의심하거나 후회하지 말라.

부처님의 지혜는 불가사의하니라.
그대들은 믿는 힘을 내어
인내하고 선(善)한 일에 머물면
예전에 듣지 못하던 것을 이제 모두 듣게 되리라.
내 이제 그대들을 안위(安慰)하노니
의심하거나 두려워하지 말라.
부처님은 거짓말도 없고 지혜도 헤아리기 어려워
얻은 바 제일 가는 법은 깊고 깊어 분별할 수 없지만
이와 같이 지금 말하리니
그대들은 일심(一心)으로 들어라."

7. 현세의 일〔近〕에서 영원〔遠〕을 드러내다

⑴ 장항

19 그 때 세존께서 이 게송을 말씀하시고 나서 미륵보
살에게 말씀하셨습니다.
　"내가 이제 이 대중들 가운데서 그대들에게 말하리라.
　아일다여, 이 한량없고 수가 없는 아승지 대보살마하
살들이 땅에서 솟아 올라온 이들을 그대가 예전에 보지

못했다고 하는구나. 그러나 그들은 내가 이 사바세계에서 최상의 깨달음을 얻은 뒤부터 이 보살들을 교화(敎化)하고 지도하여 그들의 마음을 조복(調伏)하고 도에 대한 마음을 내게 하였느니라. 이 보살들이 다 이 사바세계의 아래 세계의 허공에 머물러 있었느니라.

20 여러 가지 경전을 읽고 외우고 통달하여 사유(思惟)하고 분별하며 바르게 기억하였느니라. 아일다여, 이 선남자들은 대중들 가운데 있으면서 많은 말을 하기를 좋아하지 않고, 항상 고요한 곳에서 부지런히 정진하기를 좋아하여 잠깐도 쉬지 아니 하였느니라. 또한 인간에나 천상에 머물지 아니하고, 깊은 지혜를 항상 좋아하여 걸림이 없으며, 부처님의 법을 항상 좋아하여 일심으로 정진하면서 가장 높은 지혜를 구하였느니라."

(2)게송

21 이 때 세존께서 이 뜻을 거듭 펴시려고 게송으로 말씀하셨습니다.

　　"아일다여, 마땅히 알아라. 이 대보살들은
　　무수한 겁 전부터 부처님의 지혜를 닦아 익혔으니

모두 내가 교화하여 큰 도의 마음을 내게 했느니라.
이들은 다 나의 제자로서
이 세계를 의지해 있으면서
항상 두타(頭陀)의 행을 하고
고요한 데를 좋아했으며
시끄러운 대중 처소를 버리고
말이 많은 것을 좋아하지 않았나니
이러한 모든 제자들이 나의 법을 배워 익히며
밤낮으로 항상 정진하여 부처님의 도를 구하기 위해
이 사바세계의 하방(下方)인
허공중에 머물러 있었느니라.
뜻과 생각의 힘이 견고하고 부지런히 지혜를 구하며
가지가지 묘한 법을 설하기에
그 마음에 두려움이 없느니라.

22 내가 가야성(伽耶城) 보리수 아래에 앉아
가장 바른 깨달음을 이루고 최상의 법륜을 굴리면서
그 때에 이들을 교화하여
처음으로 도의 마음을 내게 하였더니
지금 모두 물러가지 않는 자리에 있어

앞으로 모두 성불하리라.
내 지금 진실한 말을 하나니
그대들은 일심으로 믿어라.
내가 오랜 옛적〔久遠〕부터
이 사람들을 교화(敎化)했느니라.”

8. 미륵보살이 다시 의심하여 청하다

23 이 때 미륵보살 마하살과 무수한 보살들이 마음에 의혹을 품고는 처음 보는 일이라고 괴이하게 여겨 이렇게 생각하였습니다.

'세존께서 어떻게 이 짧은 시간에 이렇게 한량없고 그지없는 아승지의 대보살들을 교화(敎化)하여 최상의 깨달음에 머물게 하시었는가.'

24 그래서 곧 부처님께 말씀드렸습니다.

“세존이시여, 여래께서 태자(太子)로 계시다가 석가씨(釋迦氏)의 궁궐에서 나오시어 가야성(伽倻城)에서 얼마 멀지 않은 도량에 앉아 최상의 깨달음을 이루셨습

니다. 그 때부터 지금까지 사십여 년쯤 되었습니다. 세
존께서 어떻게 이 짧은 시간에 큰 불사(佛事)를 지어 부
처님의 세력과 부처님의 공덕으로써 이와 같이 한량없
는 대보살들을 교화하여 최상의 깨달음을 이루게 하셨
습니까?

세존이시여, 이 대보살들을 어떤 사람이 천만억 겁
동안을 두고 헤아려도 다 헤아릴 수 없어 그 끝을 알
수 없습니다. 이들이 오랜 세월부터 지금까지 한량없
고 그지없는 부처님 계신 데서 온갖 선근(善根)을 심으
면서 보살의 도를 성취하고 항상 범행(梵行)을 닦을 것
입니다. 세존이시여, 이런 일은 세상 사람들이 믿기 어
려울 것입니다.

9. 부소자노(父少子老)의 비유

25 마치 어떤 사람이 얼굴이 예쁘고 머리카락이 검은
이십오 세(二十五歲) 쯤 되는 젊은이가 백살 된 노인을
가리켜 내 아들이라 하고, 백살 된 노인도 그 젊은이를
가리켜 이는 나의 아버지로서 나를 낳아 길렀다고 한

다면 이 일을 믿을 수 없는 것과 같습니다.

부처님도 그와 같아서 도(道)를 이루신 지 오래지 않았는데 이 보살 대중들은 이미 한량없는 천만억 겁부터 불도(佛道)를 위하여 부지런히 정진하였습니다. 한량없는 백천만억 삼매에 잘 들고 나며, 머물러서 큰 신통을 얻고 오래도록 범행을 닦았습니다. 모든 선한 법을 차례차례 익히어 문답(問答)에도 능하여 사람들 가운데 보배입니다. 모든 세간에서도 매우 희유(稀有)합니다.

26 오늘 세존께서 말씀하시기를 '불도(佛道)를 이루었을 적에 처음으로 마음을 내게 하고 교화하며 지도하여 최상의 깨달음에 나아가게 하였다 하셨습니다.

세존께서 성불하신 지 오래지 않았는데 이렇게 큰 공덕을 능히 지으셨습니까.

저희들은 비록 부처님께서 편리에 따라 마땅하게 하시는 말씀을 믿고, 부처님의 말씀이 허망하지 않으며, 부처님이 아시는 것을 다 통달하였습니다만, 만일 새로 발심(發心)한 보살들이 부처님께서 열반하신 뒤에 이 말씀을 들으면 혹 믿고 받아들이지 아니하고 법을 파괴하는 죄업(罪業)의 인연을 일으킬 듯합니다. 그렇습니다. 세존이시여, 원컨대 자세히 해설하시어 저희들이 의심하지 않도록 하여 주십시오. 오는 세상의 모든 선남자들이 이 사실을 듣고도 의심을 내지 않게 하여 주십시오.”

10. 게송으로 다시 청하다

(1) 법으로 표현하다

27 이 때 미륵보살이 이 뜻을 거듭 펴려고 게송으로 말하였습니다.
　　“부처님께 예전 석가씨 궁전에서 집을 떠나
　　가야성 근처의 보리수 아래 앉으신 지
　　지금까지 오래 되지 않았는데
　　이 여러 불자들의 그 수효가 한량이 없고
　　오래 전부터 불도를 행하여
　　신통의 힘에 머물렀습니다.
　　보살의 도를 잘 배우고
　　세상의 법에 물들지 않은 것이

마치 연꽃이 물에 있는 듯 땅에서 솟아 올라와

모두 공경하는 마음을 내어 세존 앞에 있습니다.

이 일이 불가사의하여 어떻게 믿을 수 있습니까.

부처님의 도를 얻은 지 오래지 않고

이루신 일은 매우 많습니다.

대중들의 의심을 풀어주기 위해

사실대로 말씀하여 주십시오.

(2) 비유로써 표현하다

28 비유하자면 젊은이로서 이십오 세쯤 된 이가

머리가 희고 얼굴이 쭈그러진

백살 된 이를 가리키면서

이 사람을 내가 낳았다 하고

아들도 젊은이를 아버지라 하면

아버지는 젊고 아들이 늙었으니

온 세상 사람들이 믿지 않는 것과 같습니다.

세존도 그와 같아서 도를 얻은 지 오래지 않았는데

이 여러 보살들은 뜻이 굳고

겁약(怯弱)하지 않습니다.

한량없는 겁으로부터 보살의 도를 행하여

어려운 문제도 답을 잘하고
두려운 마음도 전혀 없습니다.
참는 마음이 확고하고
단정하고 위엄과 덕이 있어
시방의 부처님들께 칭찬을 받고
분별하여 말도 잘합니다.
여럿이 있는 데는 좋아하지 않고
항상 선정(禪定)에 있으면서
부처님의 도를 구하기 위해
이 세계 아래의 공중에 있습니다.

29 저희들은 부처님의 말씀을 듣고
이 일에 의심이 없지만
부처님께서 미래의 중생들을 위하여
말씀하여 해석해 주십시오.
만약 어떤 사람이 이 경을 듣고 의심하여 믿지 않으면
악도에 떨어지리니 바라건대 해설하여 주십시오.
이렇게 한량없는 보살들을 어찌하여 짧은 시간에
교화(教化)하고 발심(發心)하게 하여
물러가지 않는 지위에 머물게 하였습니까?”

16

여래수량품 如來壽量品

제16 여래수량품 (如來壽量品)

1. 현세의 일〔近〕에서 영원〔遠〕을 밝히다

⑴세 번 주의를 주다

1 그 때 부처님께서 여러 보살들과 모든 대중들에게 말씀하셨습니다.

"여러 선남자들이여, 그대들은 여래의 진실(眞實)하고 참된 말을 마땅히 믿고 이해하라."

또 대중들에게 말씀하셨습니다.

"그대들은 여래의 진실하고 참된 말을 마땅히 믿고 이해하라."

또 다시 대중들에게 말씀하셨습니다.

"그대들은 여래의 진실하고 참된 말을 마땅히 믿고 이해하라."

(2) 세 번 청하다

2 이 때에 보살 대중 가운데 미륵보살이 상수(上首)가
되어 합장하고 부처님께 말씀드렸습니다.

"세존이시여, 원컨대 말씀하여 주십시오. 마땅히 부
처님의 말씀을 믿겠습니다."

이렇게 세 번을 말씀드리고 다시 말하였습니다.

"원컨대 말씀하여 주십시오. 저희들이 마땅히 부처
님의 말씀을 믿겠습니다."

이 때 세존께서 보살들이 세 번이나 청하여 그치지
아니하는 것을 아시고 말씀하셨습니다.

(3) 세상 사람들이 보는 성불(成佛)

3 "그대들은 여래의 비밀(秘密)하고 신통한 힘을 자세
히 들어라.

모든 세간에서 천신들과 사람들과 아수라들이 모두
말하기를 '지금 석가모니 부처님이 석가씨(釋迦氏)의
궁전에서 나와 가야성(伽耶城)에서 멀지 아니한 도량(道
場)에 앉아서 최상의 깨달음을 얻었다' 라고 하느니라.

(4) 본래성불(本來成佛)을 밝히다

4 그러나 선남자들이여, 나는 참으로 성불(成佛)한 지가 한량없고 그지없는 백천만억 나유타 겁이니라.

비유하자면 마치 오백 천만억 나유타 아승지 삼천대천세계를 어떤 사람이 부수어 아주 작은 먼지를 만들어 가지고, 동방으로 오백 천만억 나유타 아승지 세계를 지나서 먼지 하나를 내려놓았다고 하자. 이렇게 동쪽으로 가면서 이 작은 먼지가 다하도록 하였다면, 선남자들이여, 어떻게 생각하는가. 이 모든 세계들을 능히 생각하고 계산하여 그 수효를 다 알 수 있겠는가?"

미륵보살 등이 함께 부처님께 말씀드렸습니다.

"세존이시여, 이 모든 세계들이 한량없고 그지없어 산수로 알 수 없으며, 마음으로도 미칠 수 없습니다. 모든 성문이나 벽지불들이 무루(無漏)의 지혜로 생각하여도 그 수효를 알 수 없습니다. 물러가지 않는 지위에 머문 저희들도 이런 일은 알 수 없습니다. 세존이시여, 이와 같은 모든 세계는 한량이 없고 그지없습니다."

5 이 때에 부처님께서 대보살들에게 말씀하셨습니다.

"선남자들이여, 이제 분명히 그대들에게 말하노라.

이 모든 세계에서 작은 먼지가 떨어졌거나 떨어지지 아니한 것을 모두 다시 먼지를 만들어서 한 개의 먼지로 한 겁을 삼는다 하더라도 내가 성불한 지는 이보다도 더 지나간 것이 백천만억 나유타 아승지 겁이니라.

(5) 근기를 따라 설하다

6 이 때부터 나는 이 사바세계에 항상 있으면서 법을 설하여 교화하였느니라. 또 다른 세계의 백천만억 나유타 아승지 국토에서도 중생을 지도하여 이익케 하였느니라.

선남자들이여, 이렇게 하는 중간에 나는 연등불(燃燈佛)에게서 법을 얻었다고도 말하였느니라. 또 거기서 열반에 들었다고도 말하였으니, 이런 것이 다 방편으로 분별한 것이니라.

여러 선남자들이여, 만일 어떤 중생이 나에게 오면 내가 부처님의 눈으로 그의 신심(信心) 등의 근성(根性)이 총명하고 둔함을 관찰하느니라. 그를 제도할 만한가에 따라 여러 곳에서 스스로 말하는 이름이 같지 않고, 나이도 많기도 하고 적기도 하느니라. 또 열반에 든다고 말하기도 하느니라. 또 여러 가지 방편(方便)으로 미묘한 법을 말하여 중생들로 하여금 환희심(歡喜心)을 내게 하느니라.

(6) 방편으로 보인 일생(一生)

7 선남자들이여, 여래는 중생들이 작은 법을 좋아하여 박덕(薄德)하고 업이 무거운 이를 보고는 이 사람들을 위하여 말하기를 '내가 젊어서 출가(出家)하여 최상의 깨달음을 얻었느니라.' 라고 하느니라. 그렇지만 내가 참으로 성불한 지는 그렇게 오래 되었느니라. 다만 방편으로 중생들을 교화하여 불도(佛道)에 들어오게 하기 위하여 이런 말을 하는 것이니라.

  선남자들이여, 여래가 설한 경전들은 모두 중생들을 제도하기 위한 것이므로 혹 자기 자신에 대한 말을 하기도 하고, 혹은 다른 이에 대한 말을 하기도 하느니라. 또 혹 자기 몸을 보이기도 하고, 혹은 다른 이의 몸을 보이기도 하느니라. 혹 자기 일을 보이기도 하고, 혹은 다른 이의 일을 보이기도 하느니라. 여러 가지로 말한 것이 다 진실하여 허망하지 아니하니라.

8 무슨 까닭인가. 여래는 실제(實際)와 같이 삼계(三界)의 모습을 알고 보느니라. 나고 죽는 데서 물러가거나 뛰어나오거나 함이 없느니라. 또한 세상에 사는 이도 없고 열반하는 이도 없어서 실(實)하지도 않고 허(虛)하지도 않느니라. 같지도 않고 다르지도 않아서 삼계〔衆生〕에서 삼계를 보는 것과 같지 않느니라.

이러한 일을 여래가 밝게 보아 잘못이 없건마는, 여러 중생들에게 가지가지 성품(性品)과 가지가지 욕망(慾望)과 가지가지 행동과 가지가지 생각과 분별이 있는 까닭에 그들로 하여금 선근을 내게 하기 위하여 여러 가지 인연과 비유와 말로써 갖가지 법을 설하여 불사(佛事)를 지어서 잠깐도 그만두지 않느니라.

(7) 열반이 아니나 열반을 보이다

9 이와 같이 내가 성불(成佛)한 지가 매우 오래 되어 수명이 한량없는 아승지 겁 동안 항상 머물러 있고 멸(滅)하지 않느니라.

선남자들이여, 내가 본래 보살의 도를 행하여 이룩한 수명은 아직도 다하지 아니하여 위에서 말한 수명의 여러 배수가 되느니라. 그러나 지금 참으로 열반(涅槃)하는 것이 아니지마는, 문득 말하기를 마땅히 열반하리라 하는 것은 여래가 이러한 때의 방편으로 중생들을 교화(教化)하기 위함이니라.

10 무슨 까닭인가 하면, 만일 부처님께서 세상에 오래 머문다고 하면 박덕(薄德)한 사람들이 선근(善根)을 심지 아니하여 빈궁하고 하천하면서도 오욕락(五慾樂)을 탐하여 기억하고 생각하는 허망한 소견(所見)의 그물에 들어가 얽히느니라. 여래께서 항상 머물고 열반하지 아니하는 것을 보고는 문득 교만하고 방자한 마음을 내고 싫증을 내고 게으른 생각을 품느니라. 만나기 어렵다는 생각과 공경하는 마음을 내지 아니하기 때문에 여래가 방편으로 말하는 것이니라.

비구들이여, 마땅히 알아라. 부처님이 세상에 출현하는 일은 만나기 어려우니라. 왜냐하면, 박덕한 사람들은 한량없는 백천만억 겁에 혹 부처님을 보기도 하고 보지 못하기도 하느니라. 그러므로 내가 말하기를 '여러 비구들이여, 여래는 만나기 어렵다' 하느니라.

이 중생들이 이런 말을 들으면 반드시 만나기 어렵

다는 생각을 내고, 사모하는 마음을 품으며, 부처님을 갈망하여 선근을 심게 되느니라. 그러므로 여래는 참으로 열반하는 것이 아니지만 열반한다고 말하는 것이니라.

또 선남자들이여, 모든 부처님 여래의 법이 다 이와 같이 중생들을 제도(濟度)하기 위한 것이므로 모두 진실하여 허망하지 아니하니라.

2. 양의(良醫)의 비유

11 비유하자면 마치 훌륭한 의사〔良醫〕가 있는데 지혜가 있고 총명하여 약방문(藥方文)과 약을 잘 알고 제조하여 모든 병을 잘 치료하였느니라. 그 의사에게는 아들이 많아서 열·스물·백이나 있었는데 볼일이 있어 그는 멀리 다른 나라에 갔었느니라. 그 후 여러 아들들이 잘못하여 독약(毒藥)을 먹고 독기가 발작(發作)하여 정신이 없고 어지러워 땅에 뒹굴고 있었느니라.

12 이 때 그 아버지가 집에 돌아와 보니 아들들이 독약을 먹고는 혹 본 마음을 잃어버리기도 하였고, 혹 본 마음을 잃어버리지 않은 이도 있었느니라. 멀리서 아버지가 오는 것을 보고 모두 반가워서 절하고 꿇어앉아 문안하고 말하였느니라.

'안녕히 다녀오셨습니까. 저희들이 미련하여 독약을 잘못 먹었습니다. 원컨대 구원하시어 저희들의 목숨을 살려주십시오.'

아버지는 아들들이 이렇게 고통스러워하는 것을 보고 약방문에 의지하여 색깔과 향기와 좋은 맛을 구비한 약재(藥材)를 구하여 찧고 조제하여 아들들에게 주고 먹으라고 하면서 말하였느니라.

'이 훌륭한 약은 색깔과 향기와 아름다운 맛을 모두 갖춘 것이니 너희들이 먹으면 속히 괴로움이 사라지고 다시는 모든 걱정이 없을 것이니라.'

그 아들들 중에 본심(本心)을 잃지 않은 이는 이 약의 색깔과 향기가 훌륭함을 보고 곧 먹어서 병이 나았느니라.

13 본심을 잃어버린 이는 비록 아버지가 온 것을 보고 기뻐서 문안하고 병을 치료해 달라고 하면서도 그 주는 약을 먹으려 하지 않았느니라. 왜냐하면, 독기가 깊이 들어가서 본심을 잃었으므로 그 좋은 색깔과 향기를 갖춘 약을 좋지 않다고 여기기 때문이니라.

그래서 아버지는 이렇게 생각하였느니라.

'가엾은 일이다. 자식들이 독약에 중독이 되고 마음이 뒤집혀서〔顚倒〕 비록 나를 보고 기뻐하며 치료해 달라고 하면서도 이렇게 좋은 약을 먹지 않으니 내가 방편을 써서 이 약을 먹게 하리라.'

그리고 이렇게 말하였느니라.

'너희들은 분명히 알아라. 내가 지금 늙어서 죽을 때가 가까웠느니라. 이 훌륭한 약을 여기 두었으니 너희들이 가져다 먹으면 낫지 않는다고 걱정할 것이 없느니라.'

14 이렇게 일러두고 다시 다른 나라에 가서 사람을 보내어 말하기를 '너희 아버지가 벌써 죽었다'고 하였느니라.

이 때 아들들은 아버지가 죽었다는 말을 듣고 크게 괴로워하면서 이렇게 생각하였느니라.

'아버지가 계셨으면 우리를 어여삐 여겨 구해주시련마는 이제 우리를 버리고 타국(他國)에서 돌아가셨으니 우리는 외로운 고아(孤兒)로서 의지할 부모가 없도다' 하고는 항상 비통한 감정을 품고 있다가 드디어 정신이 조금 깨어났느니라. 그래서 이 약의 색깔과 맛과 향기가 좋은 줄을 알고 가져다 먹고는 중독(中毒)되었던 병이 모두 나았느니라.

그 아버지는 그 아들들의 병이 쾌차했다는 말을 듣고 문득 돌아와서 아들들로 하여금 모두 와서 보게 하였느니라.

선남자들이여, 어떻게 생각하는가. 어떤 사람이나 이 훌륭한 의사가 거짓말한 죄를 능히 따질 수 있겠는가?"

"그렇지 않습니다. 세존이시여."

3. 비유에서 법을 밝히다

15 부처님께서 말씀하셨습니다.

"나도 그와 같아서 성불(成佛)한 지가 한량없고 그지없어 백천만억 나유타 아승지 겁이지만, 중생들을 위하여서 방편으로 당연히 열반하리라고 말하였느니라. 또한 누구도 여법(如法)하게 말한 나에게 허망한 말을 했다고 나무랄 이는 없느니라.”

4. 자아게(自我偈)로써 거듭 밝히다

(1) 과거 사람들의 이익을 위하여

16 이 때에 세존께서 이 뜻을 거듭 펴시려고 게송으로 말씀하셨습니다.

“내가 성불한 때부터 지내온 겁의 수효가
한량없는 백천만 억년의 아승지니라.
항상 법을 설하여 무수억 중생들을 교화해서
불도에 들게 한 지가 지금까지 한량없는 억겁이니라.
중생들을 제도하기 위하여
방편으로 열반을 나타내지만
참으로 열반한 것은 아니고
항상 여기에 머물면서 법을 설하느니라.
나는 항상 여기에 있으면서
여러 가지 신통한 힘으로

전도된 중생들로 하여금
비록 가까이 있으나 보지 못하게 하느니라.

(2) 현재 사람들의 이익을 위하여

17 중생들은 내가 열반함을 보고
사리를 널리 공양하면서
모두 연모하는 생각을 품고
갈앙(渴仰)하는 마음을 내나니
중생들이 믿고 조복(調伏)되어
순박하고 정직하고 뜻이 부드러우며
한결같은 마음으로 부처님을 보고자
스스로 신명(身命)을 아끼지 않느니라.
그 때에 나와 대중들이 함께 영축산(靈鷲山)에 나타나
중생들에게 말하기를
나는 항상 여기에 있고 열반하지 않았는데
오직 방편으로써
열반에서 열반하지 않음을 나타냈느니라.
다른 세계 중생들이 공경하고 믿는 사람이 있으면
나는 또 그 가운데서 가장 높은 법을 설하나니
그대들은 이 법을 듣지 못하고

다만 나를 열반했다고 하느니라.

(3) 미래 사람들의 이익을 위하여

18 나는 여러 중생들이
고해(苦海)에 빠진 것을 보았기에
일부러 몸을 나타내지 않고
그들이 앙모(仰慕)함을 내게 하다가
사모하는 마음을 낸 뒤에야
나타나서 법을 설하느니라.
신통의 힘이 이와 같아서 아승지 겁 동안에
항상 영축산(靈鷲山)과 또는 다른 곳에 있느니라.
중생들은 겁이 다할 때
큰불이 타오르는 것을 보지만
나의 이 국토는 편안하여
천신과 사람이 항상 가득하니라.
동산·숲·강당·누각에 갖가지 보배로 장엄하였고
보배 나무에는 꽃과 과실들이 많아서
중생들이 즐거이 노니느니라.
여러 천신들은 하늘의 북을 치며
항상 갖가지 풍악을 연주하고

만다라 꽃을 비내려 부처님과 대중들에게 흩느니라.

19 나의 정토(淨土)는 변함이 없지만
중생들은 타버린다고 보고
근심하고 두려워하는 온갖 고통이
이렇게 가득 차느니라.
이 모든 죄업의 중생들은 나쁜 업의 인연으로
아승지 겁을 지내도록
삼보(三寶)의 이름도 듣지 못하고
공덕을 많이 닦아서
부드럽고 화평하고 질박하고 정직한 사람들은
모두들 내 몸이 여기 있어서
법문을 설하는 것을 보게 되느니라.
어느 때는 이 대중들을 위해서
부처님의 수명이 한량없다고 말하고
오래도록 부처님을 보는 이에게는
부처님을 만나기 어렵다고 말하느니라.
나의 지혜의 힘은 이와 같으며
지혜의 광명은 한량없이 비치느니라.
나의 수명이 그지없는 것은

오래 닦은 업으로 얻은 것이니라.
그대들 지혜 있는 사람들은 이것을 의심하지 말고
마땅히 끊어서 길이 없애 버려라.
부처님의 말씀은 실로 헛되지 않느니라.

(4) 비유를 들다

20 훌륭한 의사가 좋은 방편으로
중독(中毒)되어 미친 아들들의 병을 고치느라고
살아 있으면서 죽었다고 말한 것을
거짓말이라고 할 수 없느니라.

(5) 비유에서 법을 밝히다

21 나도 또한 이 세상의 아버지로서
모든 고통과 근심을 구원하려고
전도(顚倒)된 범부들을 위하여
실로는 있으면서 열반한다 말하느니라.
항상 나를 보는 까닭에
교만하고 방자한 생각을 내어
게으르고 마음대로 오욕락에 집착하여

악도(惡道)에 떨어지느니라.

나는 항상 중생들이

도를 행하고 행하지 않는 것을 알고

제도할 만한 방편을 따라서 가지가지 법을 설하며

매양 스스로 생각하기를

어떻게 하면 중생들로 하여금

가장 높은 지혜에 들어가

하루빨리 성불(成佛)하게 할까 하느니라.

17

분별공덕품 分別功德品

제17 분별공덕품(分別功德品)

1. 영원한 생명을 듣고 얻은 이익

1 그 때에 모여 있던 대중들이 부처님께서 말씀하시는 수명(壽命)의 겁수가 이렇게 오랜 것〔長遠〕을 듣고 한량없고 그지없는 아승지 중생들이 큰 이익(利益)을 얻었습니다.

이 때 세존께서 미륵보살 마하살에게 말씀하셨습니다.

"아일다여, 내가 여래의 수명이 오랜 것을 말할 때에 육백 팔십 만억 나유타 항하사 중생들이 무생법인(無生法忍)을 얻었느니라.

또 일천 배(倍)의 보살마하살들은 듣고 지니는 다라니문(陀羅尼門)을 얻었느니라.

또 한 세계의 먼지 수 같은 보살마하살들은 말을 잘하는 걸림없는 변재(辯才)를 얻었느니라.

또 한 세계의 먼지 수 같은 보살마하살들은 백천만억 한량없는 선다라니(旋陀羅尼)를 얻었느니라.

2 또 삼천대천세계의 먼지 수 같은 보살마하살들은 물러가지 않는 법륜(法輪)을 굴리었느니라.

또 이천중천세계의 먼지 수 같은 보살마하살들은 청정한 법륜을 굴리었느니라.

또 소천세계의 먼지 수 같은 보살마하살들은 팔생(八生)에 최상의 깨달음을 얻었느니라.

또 네 사천하의 먼지 수 같은 보살마하살들은 사생(四生)에 최상의 깨달음을 얻었느니라.

또 세 사천하의 먼지 수 같은 보살마하살들은 삼생(三生)에 최상의 깨달음을 얻었느니라.

또 두 사천하의 먼지 수 같은 보살마하살들은 이생(二生)에 최상의 깨달음을 얻었느니라.

또 한 사천하의 먼지 수 같은 보살마하살들은 일생(一生)에 최상의 깨달음을 얻었느니라.

또 팔 세계의 먼지 수 같은 중생들은 모두 최상의 깨달음에 대한 마음을 내었느니라."

2. 하늘에서 꽃비가 내리다

3 부처님께서 이 모든 보살마하살들의 큰 법의 이익을 얻은 일을 말씀하실 때에 허공 중에서 만다라 꽃과 마하만다라 꽃을 비내려서 한량없는 백천만억 보배 나무 아래에 있는 사자좌에 앉으신 여러 부처님께 흩었습니다. 아울러 칠보탑(七寶塔) 안 사자좌에 앉으신 석가모니부처님과 오래 전에 열반하신 다보여래(多寶如來)께도 흩었습니다. 또 모든 대보살들과 사부대중들에게도 흩었습니다.

또 전단향과 침수향의 보드라운 가루를 비내렸습니다. 허공 중에서는 하늘의 북이 저절로 울리니 아름다운 소리가 깊고도 멀었습니다. 또 일천 가지 하늘의 옷을 비내리며 여러 가지 영락을 드리우니, 진주 영락 · 마니주 영락 · 여의주 영락이 아홉 방향에 두루하였습니다. 여러 가지 보배 향로에 값을 칠 수 없는 향을 사르니 저절로 두루 퍼져 큰 회중(會衆)에 공양하였습니다.

한 분 한 분의 부처님 위에는 여러 보살들이 번기와 일산을 들고 차례차례 범천에까지 올라가서 이 보살들이 미묘한 음성으로 한량없는 게송으로 노래하여 모든 부처님을 찬탄(讚歎)하였습니다.

3. 미륵보살이 영원한 생명을 찬탄하다

(1) 대중들의 이해를 찬탄하다

4 이 때 미륵보살이 자리에서 일어나 오른 어깨를 드러내어 진실을 표하며 합장하고 부처님을 향하여 게송으로 말씀하였습니다.

　　"부처님께서 희유한 법을 설하시니
　　예전에는 듣지 못하던 일입니다.
　　세존께서는 큰 위력이 있으시고
　　수명도 헤아릴 수 없습니다.
　　무수한 부처님의 제자들이
　　세존께서 설하신
　　법의 이익을 얻은 사람들에 대한 말씀을 듣고
　　기쁨이 온 몸에 가득하였습니다.

(2) 여래의 설명을 찬탄하다

5 혹은 물러나지 않는 자리에 머물기도 하고
　　어떤 이는 다라니를 얻기도 하고
　　걸림 없는 요설 변재와

만억 선다라니도 얻었습니다.
삼천대천세계의 미진수의 보살들은
제각기 물러나지 않는
법륜을 굴리는 이도 있습니다.
또 중천세계의 미진수 보살들은
제각기 청정한 법륜을 굴리는 이도 있습니다.
또 소천세계의 미진수 보살들은
각각 남은 팔생에
마땅히 불도(佛道)를 이룰 것입니다.

6 또 네 사천하·세 사천하·두 사천하의
미진수 보살들은 그 수효의 생(生)을 따라 성불하고
혹은 한 사천하의 미진수 보살들은
남은 일생에서 마땅히 일체 지혜를 이룹니다.
이와 같은 중생들이
부처님의 수명이 장원(長遠)함을 듣고
한량없는 무루(無漏)의 청정한 과보를 얻었습니다.
또 여덟 세계의 미진수 중생들은
부처님의 수명에 대한 말씀을 듣고
최상의 보리심을 발했습니다.
세존께서 한량없는 불가사의한 법을 말씀하시어

이익을 얻은 많은 이들이
허공과 같이 그지없습니다.

(3) 대중들의 공양을 찬탄하다

7 하늘의 만다라 꽃과 마하만다라 꽃을 비내리고
항하사 같고 무수한 제석천왕 · 범천왕들이
부처님 세계에 와서
전단향 · 침수향을 비내려 어지러이 흩는 것이
마치 새가 허공에서 날아 내리듯 흩어서
부처님께 공양합니다.
하늘의 북은 허공 중에서
저절로 아름다운 소리를 내고
천만 가지의 하늘 옷들은 빙빙 돌아서 내려옵니다.
온갖 보배로 만든 아름다운 향로에는
무한한 가치의 향을 사르니
저절로 온갖 곳에 퍼져 여러 세존께 공양합니다.

8 큰 보살 대중들은 칠보의 번기와 일산을 드니
높고 아름다움이 천만억 가지로서
차례차례 범천에 이르며

하나하나 부처님 앞에 보배 깃대에 번기를 달고
또한 천만 가지 게송으로 모든 부처님을 노래합니다.
이러한 가지가지 일들은
예전에는 있지 않던 것입니다.
부처님의 수명이 한량없음을 듣고
여러 사람들이 환희합니다.
부처님의 이름이 시방세계에 퍼져
많은 중생들을 이익케 하니
모든 이들이 선근을 갖추고 최상의 마음을 냅니다.”

4. 영원한 생명의 공덕(功德)

(1) 다섯 가지 바라밀보다 수승(殊勝)한 공덕

9 이 때 부처님께서 미륵보살마하살에게 말씀하셨습니다.

“아일다여, 어떤 중생이 부처님의 수명이 이와 같이 장구함을 듣고 한 생각이라도 믿고 이해함을 내면 그의 얻는 공덕은 한량이 없느니라.

만일 선남자·선여인이 최상의 깨달음을 위하여 팔

십만억 나유타 겁 동안에 보시(布施) 바라밀다 · 지계(持戒) 바라밀다 · 인욕(忍辱) 바라밀다 · 정진(精進) 바라밀다 · 선정(禪定) 바라밀다의 다섯 가지 바라밀다를 행하고 반야(般若) 바라밀다만 제외한다면, 이 공덕으로 앞의 공덕과 비교하면 백분의 일 · 천분의 일, 백천만억분의 일에도 미치지 못하며, 내지 산수와 비유로도 알 수 없느니라.

만일 선남자 · 선여인이 이러한 공덕이 있다면 최상의 깨달음에서 물러나는 일은 있을 수 없느니라.”

(2) 게송으로 다시 밝히다

① 오도(五度)의 수행과 비교하다

10 그 때 세존께서 이 뜻을 거듭 펴시려고 게송으로 말씀하셨습니다.

“만약 어떤 사람이 부처님의 지혜를 구하여
팔십 만억 나유타 겁 동안을 지나면서
다섯 가지 바라밀다를 행하느니라.
이렇게 많은 겁 동안에 보시하여 부처님과
연각(緣覺)의 제자들과 보살대중에게 공양하느니라.

진기한 음식과 희귀한 의복과 침구들과
전단나무로 절을 짓고 숲과 동산으로 장엄하며
이렇게 보시하는 일을 갖가지 미묘한 것으로
오랜 겁이 다할 때까지 하여
부처님의 도에 회향하느니라.

11 또 계율을 잘 지니되 청정하여 모자람이 없게 해서
모든 부처님이 찬탄하는 최상의 도를 구하며
또 참는 일을 행하여
조화롭고 부드러운 데 머물러 있어서
설사 여러 가지 나쁜 일이 덮치더라도
그 마음이 흔들리지 않느니라.
법을 얻은 사람들이 잘난 체하는 마음을 품고
곁에 와서 경멸하고 괴롭게 굴어도
이런 일을 모두 다 참아내느니라.
또 부지런히 정진하며 뜻과 생각이 항상 견고하여
한량없는 억만 겁을 지내도
한결같은 마음은 게으르지 않느니라.

12 또 무수한 겁 동안 고요하고 한적한 곳에서

앉았거나 거닐거나 하면서
졸음을 없애고 마음을 거둬들여
이러한 인연으로 선정(禪定)에 들어가서
팔십 억만 겁 동안
안주(安住)한 마음은 산란하지 않느니라.
이 일심의 복(福)을 가져 최상의 도를 구하기 원하며
내가 일체 지혜를 얻어
선정의 경계까지 다하느니라.
이 사람이 백천만억의 겁을 지내오면서
이 모든 공덕을 행하되 위에서 말한 것과 같으니라.

② 비교하여 나타내다

13 만일 선남자·선여인이
내가 말하는 장구한 수명을 듣고
한 생각만이라도 믿으면
그 복은 저 공덕보다 많으리라.
만약 어떤 사람이 온갖 의심과
뉘우침이 모두 없어지고
깊은 마음으로 잠깐만 믿어도
그 복이 그와 같으니라.

③ 물러서지 않는 믿음

14 어떤 보살들이 한량없는 겁에 도를 행하다가
내가 말하는 수명(壽命)을 듣고
곧 능히 믿고 받아들이는
이런 사람들은 이 경전(經典)을 머리에 이고
'원컨대 나도 오는 세상에
장수해서 오래 오래 중생들을 제도하기를
오늘날의 세존(世尊)과 같이 석가씨 중의 왕으로서
도량에 앉아 사자후하듯
두려움 없이 법을 설하리라.
우리들이 오는 세상에 모든 사람들의 존경을 받으며
도량에 앉았을 때 수명을 말하기를
이와 같이 하리라.
만일 깊은 마음이 있는 이로서
청정하고 순박하고 정직하면
많이 듣고 모두 지녀 뜻을 따라
부처님의 말씀을 이해하리라.
이런 사람들은 여기에 대하여 의심이 없으리라.'"

(3) 말의 뜻을 이해한 공덕

15 "또 아일다여, 만일 어떤 사람이 부처님의 수명이 장원(長遠)함을 듣고, 그 말의 뜻을 이해한다면 이 사람이 얻는 공덕이 한량이 없으며 여래의 가장 높은 지혜를 일으킬 것이니라.

(4) 경전(經典)을 수지하고 공양한 공덕

16 그런데 하물며 이 경을 많이 듣거나, 사람들로 하여금 듣게 하거나, 스스로 지니거나, 사람들로 하여금 지니게 하거나, 스스로 쓰거나, 사람들로 하여금 쓰게 하고, 또 꽃과 향과 영락과 당기·번기와 비단 일산과 향유와 등불로써 경전에 공양하면 이 사람의 공덕은 한량없고 그지없어 갖가지 지혜를 능히 나게 할 것이니라.

(5) 믿고 이해하면 부처님을 보리라

17 아일다여, 만일 선남자·선여인이 내가 말하는 수명이 장원함을 듣고, 깊은 마음으로 믿고 이해하면, 곧 부처님이 항상 영축산(靈鷲山)에 계시면서 대보살들과 성문 대중들에게 둘러 싸여 법문을 설하는 것을 보게

되리라.

또 이 사바세계의 땅이 유리와 같아서 평탄하고 반듯하며 염부단금(閻浮檀金)으로 여덟 갈래 길의 경계에 늘이고 보배 나무가 줄을 지어 있으리라. 모든 대(臺)와 누각이 모두 보배로 되어 있고 보살 대중들이 그 안에 있으리라. 만약 이렇게 관찰하는 사람이 있으면 마땅히 알아라. 그는 곧 깊이 믿고 이해하는 모습이니라.

(6) 여래 열반후의 공덕

① 수희(隨喜)의 공덕

18 또 여래가 열반한 뒤에 이 경을 듣고 훼방하지 않으며 따라서 기뻐하는 마음을 일으키면 마땅히 알아라. 그것이 벌써 깊이 믿고 이해하는 모습이니라.

② 수지독송(受持讀誦)의 공덕

19 또한 읽고 외우고 받아 지니는 사람은 더욱 훌륭하니라. 이 사람은 곧 여래(如來)를 머리에 이고 받드는 것이 되느니라.

아일다여, 이러한 선남자·선여인은 굳이 나를 위하

여 새로 탑(塔)을 세우고 절을 짓고 스님들의 승방(僧坊)을 짓거나 음식과 의복과 침구와 탕약 같은 네 가지 일로써 공양하지 않아도 되느니라.

왜냐하면 이러한 선남자 선여인이 이 경전을 수지 독송하는 사람은 이미 탑을 세우고 승방을 짓고 여러 스님들에게 공양한 것이 되느니라. 곧 부처님의 사리(舍利)로 칠보탑을 쌓되 높이와 넓이가 점점 작아져서 범천(梵天)에까지 이르게 하고, 여러 가지 번기와 일산과 보배 풍경을 달아 공양한 것이 되느니라.

또 꽃과 향과 영락과 가루향·바르는 향·사르는 향과 여러 가지 북과 풍류와 퉁소와 저와 공후로 가지가지로 춤추고 즐기고 하며, 아름다운 음성으로 노래하고 찬탄한 것이 되느니라. 곧 한량없는 천만억 겁에 이렇게 공양하여 끝낸 것이 되느니라.

③ 설법(說法)의 공덕

20 아일다여, 만일 내가 열반한 뒤에 이 경전을 듣고, 능히 받아 지니거나 스스로 쓰거나 남을 시켜 쓰거나 하면, 그것이 곧 절을 지으면서 붉은 전단향 나무로써 서른 두 채의 전당(殿堂)을 짓는 것이니라. 높이는 팔

다라수요, 넓고 크고 아름답게 장엄한 것이니라. 백천 비구(比丘)스님들이 그 안에 있으며, 동산과 산림과 목욕하는 못과 거니는 선방과 의복·음식과 평상과 침구와 탕약 등의 온갖 기구가 그 안에 충만한 것이니라.

이러한 승방과 전당과 누각이 백 천 만 억이어서 무수하고 한량이 없는 것으로써 이렇게 현전(現前)에서 나와 비구스님들에게 공양한 것이 되느니라.

그러므로 내가 말하기를 '여래가 열반한 뒤에 어떤 사람이 이 경을 받아 지니고 읽고 외우고 다른 이에게 말하여 주며, 스스로 쓰거나 남을 시켜 써서 경전에 공양한다면, 다시 탑과 절을 창건하거나 암자를 짓거나 스님네에게 공양할 필요가 없다.' 는 것이니라.

④ 경전과 육도(六度)를 함께한 공덕

21 다시 또 어떤 사람이 이 경을 받아 지니면서, 겸하여 보시와 지계와 인욕과 정진과 한결같은 마음〔禪定〕과 지혜를 행하면, 그 공덕이 가장 수승(殊勝)하여 한량없고 그지없느니라. 마치 허공의 동·서·남·북과 네 간방과 상방과 하방이 한량없고 그지없음과 같으니라. 이 사람의 공덕도 그와 같아서 한량이 없고 그지없어

서 갖가지 지혜에 빨리 이르게 될 것이니라.

22 예컨대 어떤 사람이 이 경전을 읽고 외우고 받아 지니고 남에게 해설하고 스스로 쓰거나 남을 시켜 쓰게 하느니라. 또 한편 탑을 쌓고 승방을 짓고, 성문(聲聞) 대중들에게 공양하고 찬탄하느니라. 또 백천만억가지의 찬탄하는 방법으로 보살의 공덕을 찬탄하느니라. 또 다른 이를 위하여 여러 가지 인연으로 이 법화경을 뜻을 따라 해설하느니라. 그리고 다시 계행을 청정하게 가지며, 부드럽고 화평한 이들과 함께 있고, 욕됨을 참아 성내지 않으며, 뜻이 견고하고 항상 좌선(坐禪)하기를 좋아하여 깊은 선정을 얻고 용맹하게 정진하여 선한 법을 모두 섭수(攝受)하여 가지며 지혜가 있고 총명하여 질문하는 것에 대하여 잘 대답하느니라.

아일다여, 내가 열반한 뒤에 선남자·선여인들이 이 경전을 받아 지니고 읽고 외우면서 또 이와 같은 선한 공덕이 있다면, 이 사람은 이미 도량에 나아가 최상의 깨달음에 가까워서 보리수 아래 앉은 것이니라.

아일다여, 이러한 선남자·선여인들이 앉거나 섰거나 다니는 곳이면, 여기에는 마땅히 탑을 쌓을 것이니

라. 그리고 모든 천신과 인간들이 모두 부처님의 탑과
같이 공양할 것이니라.”

⑺ 게송으로 거듭 밝히다

23 이 때 세존께서 이 뜻을 거듭 펴시려고 게송으로 말
씀하셨습니다.
　“만약 내가 열반한 뒤에 이 경전을 받들어 지니면
　이 사람의 복이 한량이 없어
　위에서 말한 것과 같으리라.
　이것은 곧 모든 공양을 갖춘 것이 되며
　사리를 탑에 모시고 칠보로 장엄한 것이니라.
　표찰(表刹)은 매우 높고 넓은데
　점점 작아져서 범천에까지 닿고
　천만억 개 풍경을 달아 바람만 불면
　아름다운 소리가 들리며
　또 한량없는 겁 동안 이 탑에 꽃과 향과
　영락과 하늘의 옷과
　온갖 하늘의 풍류로 공양하느니라.
　향유와 소등(蘇燈)을 켜서 두루 두루 항상 밝히며
　나쁜 세상 말법(末法)시대에 이 경전을 지니는 이는

이미 이러한 여러 가지 공양을 두루 갖춘 것이니라.

24 만일 이 경전을 능히 지니면
부처님이 출현하여 계실 적에
우두 전단향으로 승방(僧坊)을 지어
공양한 것과 같으니라.
승당(僧堂)이 서른 두 채가 있어
높기는 팔 다라수가 되고
좋은 음식, 훌륭한 의복과
평상과 와구(臥具)를 구족하며
백천 대중이 머물러 있고 동산과 숲과 맑은 못이며
경행(經行)하는 일과 좌선하는 토굴에
온갖 것을 다 장엄한 것이니라.

25 만약 어떤 이가 믿고 이해하는 마음으로
이 경전을 받아 지니고 읽고 외우고 쓰고
남을 시켜 써서 공양하며
꽃과 향과 가루향을 흩고 수만나 꽃과 첨복화 꽃과
아제목다가를 섞어 짠 기름으로 등불을 항상 밝히어
이렇게 공양한 사람들은 한량없는 공덕을 얻나니

허공이 끝간 데 없듯이 이 사람의 복도 그러하니라.

26 또 이 경전을 받아 지니면서 보시와 계행을 겸하고
인욕하고 선정을 닦아 성 안내고 욕설 안 하며
부처님의 탑에 공경하고 비구스님께 겸손하며
교만한 마음을 버리고 항상 지혜를 생각하며
아무리 물어도 성내지 않고 그를 수순하여 해설하여
이러한 행을 닦는 이는 그 공덕이 한량이 없느니라.

27 만약 이러한 법사가 있어 이런 공덕을 성취하면
하늘의 꽃을 흩어 공양하고 하늘의 옷으로 덮어주고
머리를 숙여 발에 예배하여
부처님과 같다는 마음을 내고
또 오래지 않아 도수(道樹)에
나아가리라는 생각을 내야 할 것이니라.
번뇌도 없고 작위(作爲)도 없어져
천신과 인간을 널리 이익케 하리니
그가 머무는 곳이나 거닐고 앉고 눕는 곳이나
한 구절의 게송을 말하는 곳에는
마땅히 탑을 세우되

훌륭하게 장엄하며 가지가지로 공양하여라.
이러한 불자가 머무는 곳은
곧 부처님이 계시는 곳이니
항상 그 가운데서 경행(經行)하고
앉고 눕고 할지니라."

18

수희공덕품 隨喜功德品

1. 경을 듣고 따라서 기뻐한 공덕

　(1) 미륵보살이 묻다
　(2) 세존(世尊)이 공덕을 답하다
　❶ 속으로 따라 기뻐한 공덕
　❷ 다른 사람들에게 듣기를 권한 공덕

2. 게송으로 거듭 밝히다

　(1) 속으로 따라 기뻐한 공덕
　(2) 다른 사람들에게 듣기를 권한 공덕

제18 수희공덕 품(隨喜功德品)

1. 경을 듣고 따라서 기뻐한 공덕

(1) 미륵보살이 묻다

1 그 때에 미륵보살마하살이 부처님께 말씀드렸습니다.

"세존이시여, 만일 선남자·선여인이 이 법화경을 듣고 따라서 기뻐하는 사람들은 얼마만한 복을 얻습니까?"

또 게송으로 말하였습니다.

"세존께서 열반하신 뒤에 이 경전을 듣고
따라서 기뻐하는 사람들은 얼마만한 복을 얻습니까?"

(2) 세존(世尊)이 공덕을 답하다

① 속으로 따라 기뻐한 공덕

2 이 때 부처님께서 미륵보살 마하살에게 말씀하셨습니다.

"아일다여, 여래가 열반한 뒤에 비구·비구니·우

바새·우바이나 그밖에 지혜가 있는 이로서 늙은이·젊은이가 이 경전을 듣고 따라서 기뻐하고 법회에서 나온 뒤 다른 데 가서, 승방이나 공적(空寂)한 데나 도시나 마을, 논밭, 시골에서, 법회(法會)에서 들은 대로 부모나 친척이나 친구나 아는 사람들에게 힘 닿는 대로 설하느니라. 또 그 부모나 친척이나 친구나 아는 사람들에게 힘을 따라 설하느니라. 또 그 사람이 듣고 기뻐서 다시 다른 이에게 말하고, 그 다른 사람들이 기뻐서 또 다른 사람에게 말하여, 이와 같이 또 말하고 또 말하여 오십(五十) 번째 사람에게 말하느니라.

아일다여, 그 오십 번 째의 선남자·선여인이 듣고 따라서 기뻐한 공덕(功德)을 내가 말하리라. 그대는 자세히 들어라.

3 만약 사백만 억 아승지 세계의 여섯 갈래[六趣]에 네 가지로 나는 중생으로서, 알로 나고, 태로 나고, 습기로 나고, 변화해 나고, 형상이 있고, 형상이 없고, 생각이 있고, 생각이 없고, 생각이 있는 것도 아니고, 생각이 없는 것도 아니고, 발이 없고, 두 발을 가지고, 네 발을 가지고, 여러 개의 발을 가진 것들이니라. 그런

중생들에게 어떤 사람이 복을 구하려고 그들이 바라는 오락거리를 주느니라. 하나 하나의 중생들에게 남섬부제(南閻浮提)에 가득히 채운 금·은·유리·자거·마노·산호·호박 등의 여러 가지 보물과 코끼리·말·수레와 칠보로 지은 궁전·누각 등을 주었느니라.

이 대시주(大施主)가 이렇게 팔십 년 동안 보시하고 또 생각하기를 '내가 중생들이 바라는 오락거리를 보시하였으나 이 중생들이 이미 늙어서 나이 팔십이 넘어 머리가 세고 얼굴이 쭈그러지고 죽을 때가 가까웠으니, 이제는 부처님의 법으로 인도(引導)하리라' 하였느니라'.

4 그래서 그 중생들을 모으고 불법(佛法)을 선포하여 보여주고 가르쳐서 이익케 하고 기쁘게 하였느니라. 그래서 일시에 수다원도와 사다함도와 아나함도와 아라한도를 얻었고, 모든 번뇌가 없어져서 깊은 선정(禪定)에 자재함을 얻게 되고 여덟 가지 해탈(解脫)을 구족하였다고 한다면, 그대는 어떻게 생각하는가. 이 대시주가 얻을 공덕이 많다고 하겠는가?"

5 미륵보살이 부처님께 말씀드렸습니다.

"세존이시여, 이 사람의 공덕이 엄청나게 많아서 한량없고 그지없습니다. 이 시주가 중생들에게 모든 오락거리만 보시하였다 하더라도 그 공덕이 한량이 없을 것인데, 하물며 아라한과를 얻게 한 것이겠습니까."

부처님께서 미륵보살에게 말씀하셨습니다.

"내가 이제 분명하게 말하노라. 이 사람이 모든 오락거리로 사백 만억 아승지 세계의 여섯 갈래 중생들에게 보시하였고, 또 아라한과를 얻게 한 공덕은 이 오십 번째 사람이 법화경의 한 게송을 듣고 따라서 기뻐한 공덕만 못하느니라. 백분의 일에도, 천분의 일에도, 백천 만억분의 일에도 미치지 못하며, 내지 산수와 비유로도 알지 못하느니라.

아일다여, 이와 같이 오십 번째 사람이 법화경을 차츰차츰 전하여 듣고 따라서 기뻐한 공덕은 한량이 없고 그지없는데 하물며 맨 처음에 그 회중(會衆)에서 듣고 따라서 기뻐한 사람의 복덕이야 더욱 수승해서 한량없고 그지없는 아승지로도 비교할 수 없느니라.

② 다른 사람들에게 듣기를 권한 공덕

6 또 아일다여, 만약 어떤 사람이 이 경을 위하여서 승방에 가서 앉거나 섰거나 잠깐만 들어도 이 공덕으로 몸을 바꾸어 다음에 날 적에는 매우 훌륭한 코끼리와 말과 수레와 보배로 꾸민 연(輦)을 가지게 되리라. 그리고 하늘의 궁전에 오르리라.

7 만약 또 어떤 사람이 법을 강론하는 자리에 앉았을 적에 다른 사람이 오거든, 그 사람을 권하여 앉아서 듣게 하되, 자기가 앉은 자리를 나누어서 앉게 하면 이 사람은 그 공덕으로 몸을 바꾸어 다음에 태어날 적에는 제석천왕(帝釋天王)이 앉는 곳이나 범천왕(梵天王)이 앉는 곳이나 전륜성왕(轉輪聖王)이 앉는 곳에 앉게 되리라.

8 아일다여, 만약 또 어떤 사람이 다른 사람에게 말하기를 '저기 법화경을 설하는 데가 있으니 함께 가서 듣자.'고 하여 그 사람이 그 말을 듣고 가서 잠깐만 듣더라도 이 사람은 그 공덕으로 몸을 바꾸어 다음에 태어

날 적에 다라니를 얻은 보살과 함께 있게 되리라.

근기가 총명하고 지혜가 있으며 백천 만 번 태어나도 벙어리나 말더듬이가 되지 않으리라. 입에서는 냄새가 나지 않고 혀에도 병이 없고 입에도 병이 없으리라. 치아는 검지도 누르지도 성글지도 않고, 빠지지도 않고, 들쑥날쑥하지도 않으리라. 옥니도 아니며 입술이 아래로 처지지도 않고 위로 걷어 올라가지도 않으리라. 거칠지도 않고 부스럼도 없고, 언청이도 안 되고, 비뚤어지지도 않고, 두텁지도 않고, 크지도 않고, 퍼렇지도 않으리라. 모든 미운 것이 없으며, 코가 납작하지도 않고 비뚤어지지도 않으며, 얼굴이 검지도 않고 좁지도 않고 길지도 않고 오목하지도 않아서 못생긴 모습이 하나도 없으리라.

입술·혀·치아가 모두 잘 생기고, 코는 길고 높고 곧으며, 얼굴은 원만하고, 눈썹이 높고 길며, 이마가 번듯하고 넓으며, 여러 가지 모습을 갖추느니라. 또 태어날 적마다 부처님을 친견하고 법을 듣게 되며 가르침을 믿고 받아들이게 되리라.

9 아일다여, 그대는 또한 보라. 이 한 사람을 권하여

가서 듣게 한 공덕도 이와 같은데 하물며 일심으로 듣고 읽고 외우며 대중들이 모인 데서 분별하여 말하며 들은 대로 수행(修行)하는 것이겠는가.”

2. 게송으로 거듭 밝히다

(1) 속으로 따라 기뻐한 공덕

10 이 때 세존께서 이 뜻을 거듭 펴시려고 게송으로 말씀하셨습니다.

“만약 어떤 사람이 법회(法會)에서
이 법화경을 설하는데
한 게송이라도 듣고는 기뻐서
다른 이에게 말하여 주어
이렇게 차례차례 말하여
오십 번째 사람에게 이른다 하면
이 최후의 사람이 얻는 공덕을
이제 분별하여 말하리라.
여기에 큰 시주가 있어서
한량없는 중생들에게 이바지하되

팔십 년이 되도록 그들이 바라는 대로 보시하고
그들이 늙어서 머리가 세고 얼굴이 쭈그러지고
이가 빠지고 몸이 야위어
오래 살지 못할 것을 보고는
이제는 저들을 교화하여
도의 결과를 얻게 하리라 하고
방편을 베풀어서 열반의 참된 법을 말하니라.

11 이 세상은 견고하지 못해서
물거품과 같고 불꽃과 같으니
그대들은 응당히 세상에 대하여
속히 싫어하는 마음을 내야 하느니라.
여러 사람들이 이 법문을 듣고 모두 아라한을 얻어
여섯 가지 신통과 세 가지 밝음과
여덟 가지 해탈을 갖추었으며
최후의 오십 번째 사람이
한 게송을 듣고 따라서 기뻐하면
그 공덕은 저보다 더욱 많아서
비유로도 말할 수 없으리라.
이렇게 전하여 들은 것도 복덕이 한량이 없거든
하물며 법문하는 모임에서

처음에 듣고 기뻐하는 것이겠는가.

(2) 다른 사람들에게 듣기를 권한 공덕

12 만일 한 사람만을 권하여 데리고 가서
법화경을 들을 때
'이 경이 깊고 묘하여
천만 겁에도 만나기 어렵다' 하여
그 사람이 그 말을 듣고 따라가
잠깐동안만 들었더라도
그 사람이 얻을 복덕을 이제 분별하여 말하리라.
세세 생생 태어날 적마다 입에는 병이 없고
이는 성글고 누르고 검지 않으며
입술은 두텁지도 언청이도 아니어서
나쁜 인상이 하나도 없으리라.
혀는 마르지도 검지도 짧지도 않고
코는 높고 길고 곧으며
이마가 넓고 번듯하여
얼굴과 눈이 모두 다 단정하리라.
사람들이 기쁘게 대하며 입에는 냄새도 나지 않고
우담바라 꽃의 향기가 언제나 입에서 나오리라.

13 만약 일부러 승방에 가서 법화경 법문을 들을 때

잠깐만 듣고 기뻐한, 그 복덕을 지금 말하리라.

내생에 천상과 인간에 나서

좋은 코끼리와 말의 수레와

보배로 꾸민 연을 가지며

하늘 궁전에 오르게 되리라.

법문을 설하는 곳에서 사람을 권하여 듣게 한다면

이 인연의 복덕으로 제석천·범천·전륜왕이 되리라.

하물며 일심(一心)으로 듣고 그 뜻을 해설해 주고

설한 대로 수행(修行)하면

그 복덕은 한량이 없으리라."

19
법사공덕품 法師功德品

제19 법사공덕품(法師功德品)

1. 육근(六根)의 공덕을 모두 밝히다

1 그 때에 부처님께서 상정진(常精進) 보살마하살에게 말씀하셨습니다.

"만일 선남자·선여인이 이 법화경(法華經)을 받아 지니거나 읽거나 외우거나 해설하거나 쓴다면 이 사람은 마땅히 눈의 팔백 공덕과 귀의 천이백 공덕과 코의 팔백 공덕과 혀의 천이백 공덕과 몸의 팔백 공덕과 의식의 천이백 공덕을 얻을 것이니라. 이러한 공덕으로 육근(六根)을 장엄하여 모두 청정하리라.

2. 눈의 공덕을 밝히다

(1) 장항(長行)

2 이 선남자·선여인이 부모가 낳아준 청정한 육안(肉

眼)으로 삼천대천세계의 안과 밖에 있는 산과 숲과 강과 바다를 보며, 아래로 아비지옥(阿鼻地獄)과 위로 유정천(有頂天)을 보느니라. 그 가운데 있는 모든 중생을 보고, 업(業)의 인연과 과보로 태어나는 곳을 모두 보고 다 아느니라.”

(2) 게송(偈頌)

3 이 때 세존께서 이 뜻을 거듭 펴시려고 게송으로 말씀하셨습니다.

“만약 어떤 사람이 대중 가운데서
두려움 없는 마음으로
법화경을 해설한다면 그 공덕을 그대가 들어라.
이 사람은 훌륭한 눈의 팔백 공덕을 얻으리니
이렇게 장엄하였으므로 그 눈이 매우 청정하리라.
부모가 낳아준 눈으로써
삼천대천세계의 안팎에 있는
미루산과 수미산과 철위산을 모두 보고
그 밖의 여러 산과 숲과 큰 바다와 강과 시내와
아래로는 아비지옥과 위로는 유정천을 보고
그 속에 있는 중생들을 모두 다 보게 되나니

천안통(天眼通)이 없어도

육안으로 보는 힘이 이러 하니라.”

3. 귀의 공덕을 밝히다

(1) 장항(長行)

4 “또 상정진(常精進)보살이여, 선남자 · 선여인이 이 법화경을 받아 지니어 읽거나 외우거나 해설하거나 쓴 다면 귀의 일천 이백 공덕을 얻으리라.

이 청정한 귀로 삼천대천세계에서 아래로 아비지옥과 위로 유정천에 이르기까지 그 가운데 있는 가지가지 말과 음성을 들으리라.

코끼리 소리 · 말 소리 · 소 소리 · 수레 소리 · 우는 소리 · 수심하는 소리 · 소라 소리 · 북 소리 · 종 소리 · 방울 소리 · 웃는 소리 · 말하는 소리 · 남자의 소리 · 여인의 소리 · 동자의 소리 · 동녀의 소리 · 법다운 소리 · 법답지 않은 소리 · 괴로운 소리 · 즐거운 소리며, 범부의 소리 · 성인의 소리 · 기쁜 소리 · 기쁘지 않은 소리 · 하늘의 소리 · 용의 소리 · 야차의 소리 · 건

달바의 소리·아수라의 소리·가루라의 소리·긴나라
의 소리·마후라가의 소리·물 소리·불 소리·바람
소리·지옥 소리·축생의 소리·아귀의 소리·비구의
소리·비구니의 소리·성문의 소리·벽지불의 소리
보살의 소리·부처님의 소리를 다 들으리라.

중요한 것으로 말하자면, 삼천대천세계의 온갖 안팎
에 있는 여러 가지 소리들을 천이통(天耳通)을 얻지 않
고도 부모가 낳아준 청정한 보통의 귀로써 모두 듣고
알 것이며, 이렇게 여러 가지 음성을 분별하여도 귀가
상하지 않느니라.”

(2) 게송(偈頌)

5 이 때 세존께서 이 뜻을 거듭 펴시려고 게송으로 말
씀하셨습니다.

　　“아버지·어머니가 낳아준 귀는
　　청정하고 더럽지 않아
　　이러한 보통의 귀로써
　　삼천대천세계의 소리를 듣느니라.
　　코끼리·말·수레·소의 소리와
　　종·풍경·소라·북 소리와

거문고 · 비파 · 젓대 소리와

통소와 피리에서 나는 소리와

맑고도 좋은 노래 소리를 들으면서도 집착이 없고

무수한 여러 사람들의 음성을 듣고

또 모두 이해하느니라.

또 여러 하늘의 소리와 아름다운 노래를 들으며

남자의 소리 · 여자의 소리와

동자 · 동녀의 소리도 듣느니라.

험한 산천과 골짜기에서 나는

가릉빈가의 소리도 듣고

명명(命命)새와 여러 새들의

아름다운 소리도 듣느니라.

지옥에서 고통받는 소리와 갖가지 고생하는 소리와

아귀가 기갈에 시달리어

음식을 구하는 소리도 듣느니라.

여러 아수라들이 큰 바닷가에 있으며

서로를 말하는 때에

큰 음성으로 떠드는 소리도 듣느니라.

이 법을 말하는 이가 여기에 편안히 있어서

그 여러 가지 음성을 들어도

귀가 손상되지 않느니라.

6 시방의 여러 세계에서 새와 짐승들을 부르는 소리를
법을 말하는 그 사람이 여기서 모두 듣느니라.
여러 범천(梵天)의 위에 있는 광음천(光音天)과
변정천(遍淨天), 유정천에 이르기까지
모든 말과 그 음성을
법사가 여기 있으면서 모두 다 듣느니라.
모든 비구 대중과 비구니들이
이 경을 읽고 외우고 다른 이에게 말하는 것을
법사가 여기 있으면서 모두 다 듣느니라.

7 또 여러 보살들이 이 경을 읽고 외우며
다른 이에게 해설하거나
경을 편찬하고 그 뜻을 해석하는
이런 여러 가지 음성을 모두 다 듣느니라.
모든 부처님의 거룩하신 세존이
여러 중생들을 교화하느라고
대중 가운데 계시면서 미묘한 법을 설하시는 말씀을
이 법화경을 받아 지니는 사람은

모두 다 듣고 아느니라.

삼천대천세계의 안에서 나고 밖에서 나는 음성과

아래로는 아비지옥에서 위로는 색구경천까지

그 많은 음성들을 모두 들어도

귀는 조금도 상하지 않고

그 귀가 총명하여서 모두 분별해 아느니라.

이 법화경을 받아 지니는 사람은

비록 천이통(天耳通)은 못 얻었으나

부모가 낳아 준 귀의 그 공덕이 이러하니라.”

4. 코의 공덕을 밝히다

(1) 장항(長行)

8 “또 상정진보살이여, 선남자 · 선여인이 이 경을 받아 지니거나, 읽거나 외우거나, 해설하거나 쓰는 사람은 코의 팔백 공덕을 성취하느니라.

이 청정한 코로 삼천대천세계에 있는 위와 아래와 안과 밖의 여러 가지 향기를 다 맡느니라.

수만나꽃 향기 · 사제화 향기 · 말리화 향기 · 첨복화 향기·바라라꽃 향기·적련화 향기·청련화 향기·백련화 향기·화수향·과수향·전단향·침수향·다마라발향·다가라향과 천만 가지 화합한 향·가루향·환(丸) 지은 향·바르는 향을 이 경전을 지니는 사람이 여기에 있으면서 모두 분별하여 맡느니라.

9 또 중생들의 냄새를 맡되 코끼리 냄새·말 냄새·소 냄새·양 냄새·남자 냄새·여자 냄새·동자 냄새·동녀 냄새와, 풀·나무·수풀 냄새와, 가까이 있고 멀리 있는 냄새들을 모두 맡아서 분별하여 착오가 없느니라.

이 경을 지니는 사람은 여기 있으면서도 천상에 있는 모든 향기를 맡나니, 파리질다라 나무 향기·구비타라나무 향기·만다라 꽃향기·마하만다라 꽃향기·만수사 꽃향기·마하만수사 꽃향기·전단향·침수향·여러 가지 가루향과 여러 가지 꽃향기와 이러한 하늘의 향의 화합한 향기를 맡고 알지 못함이 없느니라.

10 또 여러 하늘의 몸의 향기를 맡나니, 제석천왕이 매우 훌륭한 궁전에서 오욕락을 즐기면서 희롱할 때의

향기 · 묘법당(妙法堂)에서 도리천들에게 법문 말할 때의 향기 · 여러 동산에서 유희할 때의 향기와, 다른 천상 사람들의 남녀의 몸 향기들을 멀리서 맡고 아느니라. 이리하여 점점 올라가서 범천에 이르고, 유정천에 이르는 여러 하늘의 몸의 향기를 모두 맡으며, 또 여러 하늘들이 사르는 향기를 맡느니라.

또 성문의 향기 · 벽지불의 향기 · 보살의 향기 · 여러 부처님의 몸 향기를 멀리서 맡고는 그 있는 데를 아느니라.

이런 향기들을 맡지마는, 코는 상하지도 않고 잘못되지도 않으며 분별하여 다른 이에게 말하려 하여도 기억이 잘못되지 않느니라."

(2) 게송(偈頌)

11 이 때 세존께서 이 뜻을 거듭 펴시려고 게송으로 말씀하셨습니다.

"이 사람의 코가 청정하여 이 세계에 있는
향기롭고 구린 냄새를
갖가지를 다 맡아서 아느니라.
수만나향 · 사제향과 다마라발 전단향과

침수향과 계수향과 가지가지 꽃과 과실의 향기와
그리고 중생들의 향기인
남자의 향기 · 여자의 향기를
설법하는 사람은 멀리 있어도
향기를 맡고 그 있는 곳을 아느니라.
큰 세력을 가진 전륜성왕과
작은 전륜왕과 그의 아들들과
여러 신하와 궁녀들의 향기를 맡고
그 있는 곳을 아느니라.
몸에 차고 있는 보물과 땅 속에 매장된 보물과
전륜성왕의 딸의 향기까지 맡고
그 있는 곳을 아느니라.
여러 사람들의 몸을 치장하는 의복과 영락들이며
갖가지 바르는 향의 냄새를 맡고 그 몸을 아느니라.
모든 천신들이 다니고 앉고 하는 것과
신통 유희를 법화경을 지니는 사람들은
그 향기를 맡고 모두 다 아느니라.

12 모든 나무의 꽃과 과실의 향기와
수만나로 짠 기름의 향기를

경을 지니는 사람은 여기에 있어서

그들의 있는 곳을 모두 다 알고

모든 산과 깊고 험한 곳에 전단나무 꽃이 피었고

그 속에 있는 중생들의 향기를 맡고

모두 다 아느니라.

철위산(鐵圍山)과 큰 바다와 땅 속에 있는 중생들을

경을 지니는 이는 그 향기를 맡고

그들의 있는 곳을 모두 다 아느니라.

아수라의 남자와 여자와 그들의 모든 권속들이

싸우고 놀고 할 때의 향기를 맡고 모두 다 아느니라.

광야와 험하고 좁은 곳의

사자 · 코끼리 · 호랑이와 이리와

들소와 물소들의 향기를 맡고 있는 곳을 아느니라.

만일 아이를 가진 이가 아들인지, 딸인지

생식기가 없는지, 사람이 아닌지를

향기를 맡고 모두 다 아느니라.

향기를 맡아보고서 처음 아기를 가진 이가

성취할는지, 못할는지, 복된 아들을

편안히 낳을지를 다 아느니라.

향기를 맡아보고서 남녀의 생각하는 일과

음욕·어리석음·성내는 것과
착한 행실을 닦는지 다 아느니라.
땅 속에 묻혀 있는 금과 은과 온갖 보물들을
구리 그릇에 담겨 있는 것들을
향기 맡고 모두 다 아느니라.
갖가지 모든 영락의 값을 아는 이가 없는데
비싸고 싼 것과 출산지와 있는 곳을
향기를 맡고 모두 다 아느니라.

13 천상에 있는 여러 가지 꽃과
만다라꽃과 만수사꽃과
파리질다 나무들을 향기를 맡고 모두 다 아느니라.
천상의 여러 가지 궁전이
상·중·하로 차별이 있는데
온갖 보배 꽃으로 장엄한 것을
향기를 맡고 모두 다 알고
하늘의 동산과 훌륭한 궁전과
모든 누관(樓觀)과 미묘한 법당의
그 가운데서 즐겨 노는 일을
향기를 맡고 모두 다 아느니라.

모든 천신들이 법을 듣거나
오욕락을 누리고 있을 때
왕래하고 다니고 앉고 눕는 것을
향기를 맡고 모두 다 알고
천녀(天女)들이 입은 옷에 꽃과 향으로 잘 꾸미고
여기 저기 다니며 유희할 때
향기를 맡고 모두 다 아느니라.
이렇게 점점 올라가서 범천의 세계에 이르러
선정에 들고 나오는 일도 향기를 맡고 모두 다 알고
광음천과 변정천과 내지 유정천까지
처음 태어나고 물러가는 일을
향기를 맡고 모두 다 아느니라.

14 여러 비구 대중들이 불법에 항상 정진하면서
앉기도 하고 거닐기도 하며 경전을 읽고 외우고
어떤 이는 나무 아래서
오로지 정성을 다하여 좌선하는 일과
경을 지니는 사람의 향기를 맡고
그 있는 데를 모두 다 아느니라.
보살의 뜻이 견고하여

좌선하고 경을 읽고 외우고
다른 이에게 법을 설하는 것을
향기를 맡고 모두 다 아느니라.
가는 곳마다 부처님들이 모든 이의 공경을 받으며
중생을 불쌍히 여겨 대중들에게 법문 설함을
향기를 맡고 모두 다 아느니라.
중생들이 부처님 앞에서 경을 듣고 모두 기뻐하여
법과 같이 수행하는 일을
향기를 맡고 모두 다 아느니라.
비록 보살의 무루(無漏)의 법으로
생긴 코는 못 얻었으나
이 경을 받아 지니는 사람은
먼저 이런 코의 능력을 얻느니라.”

5. 혀의 공덕을 밝히다

(1) 장항(長行)

15 “또 상정진보살이여, 만일 선남자 · 선여인이 이 경
전을 받아 지니고 읽거나 외우거나 해설하거나 쓴다

면, 혀의 일천 이백 공덕(功德)을 얻느니라.

맛이 좋거나 좋지 않거나 맛이 있거나 맛이 없거나 쓰고 떫은 물건이 그의 혀에 닿더라도 모두 좋은 맛으로 변하여 천상의 감로수(甘露水) 같아서 맛이 좋지 않은 것이 없느니라.

만일 이 혀로써 대중 가운데서 설법할 적에 깊고 묘한 음성을 내어 그들의 마음에 들게 하면 모두 환희하고 즐거워하느니라.

또 모든 천자와 천녀와 제석천왕과 대범천왕들이 이 깊고 묘한 음성으로 설법하는 언론의 차례들을 모두 와서 듣느니라.

또 모든 용과 용녀 · 야차와 야차녀 · 건달바와 건달바녀 · 아수라와 아수라녀 · 가루라와 가루라녀 · 긴나라와 긴나라녀 · 마후라가와 마후라가녀들이 법을 듣기 위하여 모두 와서 친근하고 공경하며 공양하느니라.

또 비구 · 비구니 · 우바새 · 우바이 · 국왕 · 왕자 · 신하 · 권속들과 작은 전륜왕 · 큰 전륜왕들의 칠보(七寶)인 일천 아들과 안팎 권속들이 그들의 궁전을 타고 와서 법을 들을 것이니라. 이 보살이 법을 잘 설하므로 바라문과 거사와 나라 안 사람들이 그 형상과 목숨이 다할 때까지 모시고 따라다니며 공양하느니라.

또 성문과 벽지불과 보살과 부처님들이 항상 보기를 좋아하며, 이 사람이 있는 방면에는 부처님들이 모두 그 곳을 향하여 법을 설하며, 모든 부처님의 법을 능히 받아 지닐 것이며, 또 깊고 묘한 법의 음성을 내느니라."

(2) 게송(偈頌)

16 이 때 세존께서 이 뜻을 거듭 펴시려고 게송으로 말씀하셨습니다.

"이 사람의 혀는 청정하여
언제나 나쁜 맛을 받아들이지 않고
그 사람이 먹는 것은 모두 감로수가 되리라.
깊고 깨끗하고 미묘한 음성으로
대중들에게 법을 설하며
이러한 인연과 비유로 중생들의 마음을 인도하면
듣는 사람들은 모두 환희하여
가장 훌륭한 공양을 베푸리라.
여러 천신들과 용과 야차와 그리고 아수라들이
모두 공경하는 마음으로 와서 법을 들으리라.
법을 설하는 이 사람이 만일 아름다운 음성으로

삼천세계에 두루하려 하면
생각하는 대로 될 수 있으리라.
큰 전륜왕 · 작은 전륜왕과
그의 일천 아들과 권속들이
합장하고 공경하는 마음으로
항상 와서 법을 들으리라.
천신과 용과 야차들과 나찰과 비사사(毗舍闍)들도
역시 즐거운 마음으로 항상 와서 공양하리라.
범천왕과 마왕과 자재천과 대자재천들의
이러한 천신의 대중들이 항상 그 곳에 모여 오리라.
부처님과 그 제자들까지 그가 설법하는 음성을 듣고
항상 호념(護念)하고 수호하며
어떤 때는 그 몸을 나타내리라.”

6. 몸의 공덕을 밝히다

(1) 장항(長行)

17 “또 상정진보살이여, 선남자 · 선여인이 이 경을 받아 지니고 읽거나 외우거나 해설하거나 쓰면 몸의 팔

백 공덕을 얻느니라.

청정한 몸을 얻어 깨끗한 유리와 같아서 중생들이 보기를 좋아하느니라. 그 몸이 청정하므로 삼천대천세계에 있는 중생들의 나는 때·죽는 때와 높고 낮고, 잘 생기고 못 생기고, 좋은 곳에 나고 나쁜 곳에 나는 것이 다 그 가운데 나타나느니라.

철위산과 대철위산과 미루산과 마하미루산 등 모든 산과 그 가운데 있는 중생들이 다 그 가운데 나타나고, 아래로 아비지옥과 위로는 유정천(有頂天)에 이르기까지 있는 중생들이 모두 그 가운데 나타나느니라.

성문과 벽지불과 보살과 부처님들께서 법문을 설하시는 것이 다 그 몸 가운데 형상이 나타나느니라."

(2) 게송(偈頌)

18 이 때 세존께서 이 뜻을 거듭 펴시려고 게송으로 말씀하셨습니다.

"법화경을 받아 지니는 사람은
그 몸이 매우 청정하여
저 깨끗한 유리 같아서
중생들이 모두 보기를 좋아하느니라.

또 깨끗하고 밝은 거울이
여러 사물들을 모두 보듯이
보살의 깨끗한 몸에서
세상에 있는 것을 다 보느니라.
오직 혼자서만 명백히 알고
다른 사람은 보지 못하며
삼천대천세계에 있는 여러 가지 중생들과
천신과 사람과 아수라와 지옥과 아귀와 축생들
이러한 여러 사물들이 모두
그의 몸에 나타나느니라.
여러 하늘의 궁전과 유정천과
철위산과 미루산이며 마하미루산들과
온갖 큰 바다의 물이 모두 그 몸에 나타나느니라.
부처님과 성문들과 부처님 제자인 보살들이
혼자 있거나 대중에 있어서
설법하는 일이 다 나타나느니라.
비록 무루(無漏)인 법성(法性)의
묘한 몸은 못 얻었으나
청정하고 평범한 이 몸에 모든 것이 다 나타나느니라.

7. 의식의 공덕을 밝히다

(1) 장항(長行)

19 "또 상정진보살이여, 선남자·선여인이 여래가 열반한 뒤에 이 경을 받아 지니고 읽거나 외우거나 해설하거나 쓰거나 하면 의식(意識)의 일천 이백 공덕을 얻느니라. 이 청정한 의식으로써 한 게송이나 한 구절만 듣고도 한량없고 그지없는 이치를 통달하느니라.

이 이치를 통달하고는 능히 한 구절, 한 게송을 설법하되 한 달이나 넉 달이나 한 해에 이르기까지 하느니라. 모든 법을 설한 것은 그 뜻을 따라서 실상(實相)으로 더불어 서로 어기지 아니할 것이니라. 속세의 경서와 세상을 다스리는 말과 살림살이하는 일이라 하더라도 모두 바른 법에 순응하리라.

삼천대천세계에 있는 여섯 갈래 중생들의 마음으로 행하는 일과 마음으로 움직이는 일과, 마음으로 희론(戲論)하는 일을 모두 다 아느니라.

비록 무루의 지혜는 얻지 못하였더라도 그 의식이 이렇게 청정하였으므로 이 사람의 생각하고 헤아리며 하는 말이 모두 부처님의 법과 같아 진실하지 않은 것

이 없어서 역시 과거의 부처님들께서 경전 중에 설하
신 것이니라.”

(2) 게송(偈頌)

20 이 때 세존께서 이 뜻을 거듭 펴시려고 게송으로 말
씀하셨습니다.
　“이 사람의 의식이 청정하고
　밝고 영리하고 흐리지 않아
　이 미묘한 의식으로 상·중·하의 법을 다 아느니라.
　한 게송만 듣고도 한량없는 이치를 통달하고
　차례차례 법대로 말하여
　한 달·넉 달·한 해가 되도록 하느니라.
　이 세계의 안과 밖에 있는 모든 중생들로서
　천신과 용과 사람들과 야차와 귀신들까지
　여섯 갈래에 있는 이들이 생각하는 여러 가지를
　법화경을 지니는 공덕으로
　일시에 모두 다 아느니라.
　시방세계의 무수한 부처님께서
　백 가지 복덕으로 장엄하시고
　중생들에게 설하시는 법문을 다 듣고 받아 지니고

한량없는 이치를 생각하며
법을 설함도 또한 한량이 없거든
시종일관 잊거나 착오가 없나니
이것은 법화경을 지니는 연고니라.
모든 법의 모양을 모두 다 알고
이치를 따라 그 차례를 알고
이름과 글자와 말씀도 통달하고
아는 대로 다 설하느니라.
이 사람이 말하는 것은
모두 과거 부처님들의 법이니라.
이런 법을 설하므로
대중 중에서 두려울 것이 없느니라.
법화경을 지니는 이는 의식이 이렇게 청정하여
비록 무루(無漏)를 얻지 못하였으나
미리 이런 모습을 갖추었으니
이 사람이 이 경전을 지니고
희유한 지위에 머물러 있어서
모든 중생들이 환희하여 공경하느니라.
천 가지 만 가지 능숙한 말솜씨로
분별하여 법을 설함은 법화경을 지니는 연고이니라.

20

상불경보살품 常不輕菩薩品

제20 상불경보살품(常不輕菩薩品)

1. 법화경의 죄(罪)와 공덕(功德)

1 그 때에 부처님께서 득대세(得大勢)보살마하살에게 말씀하셨습니다.

"그대는 지금 마땅히 알아라. 만일 비구·비구니·우바새·우바이로서 법화경을 지니는 사람에게 어떤 사람이 나쁜 말로 욕설을 하거나 비방하면 큰 죄를 받을 것은 앞에 말한 것과 같으니라. 그의 얻는 공덕도 앞서 말한 것과 같아서 눈과 귀와 코와 혀와 몸과 의식이 청정하리라.

2. 위음왕(威音王)여래의 이야기

2 득대세보살이여, 지나간 옛적 한량없고 그지없고 부사의한 아승지 겁 전에 부처님이 계시었으니 이름이

위음왕(威音王)여래 · 응공 · 정변지 · 명행족 · 선서 · 세간해 · 무상사 · 조어장부 · 천인사 · 불 · 세존이시고, 겁의 이름은 이쇠(離衰)요, 국토의 이름은 대성(大成)이었느니라.

그 위음왕 부처님께서 그 세상에서 천신 · 인간과 아수라를 위하여 법을 말씀하시는데, 성문을 구하는 이에게는 사제법(四諦法)을 말씀하시어 나고 늙고 병들고 죽는 일에서 뛰어나 구경(究竟)에는 열반케 하셨느니라. 벽지불을 구하는 이에게는 십이 인연법(十二因緣法)을 말씀하셨느니라. 보살들을 위해서는 최상의 깨달음을 인하여 여섯 가지 바라밀 법을 말씀하시어 구경에는 부처님의 지혜를 얻게 하셨느니라.

3 득대세보살이여, 이 위음왕 부처님의 수명은 사십만억 나유타 항하사 겁이요, 정법(正法)이 세상에 머무는 겁의 수효는 한 남섬부주의 작은 먼지 수와 같고, 상법(像法)이 세상에 머무는 겁의 수효는 사천하의 작은 먼지 수와 같으니라.

그 부처님께서 중생들을 이익케 하신 연후에 열반하셨고, 정법과 상법이 다 없어진 뒤에 이 국토에 또 부

처님이 출현하셨으니 역시 이름이 위음왕(威音王)여
래 · 응공 · 정변지 · 명행족 · 선서 · 세간해 · 무상사 ·
조어장부 · 천인사 · 불 · 세존이었느니라.

이렇게 차례 차례로 이만억 부처님이 출현하셨으니
모두 이름이 같았느니라.

3. 상불경(常不輕)보살의 인간존중(人間尊重)

4 최초의 위음왕 여래께서 열반하신 뒤 정법이 없어지
고, 상법 동안에 뛰어난 체하는 비구들이 큰 세력을 가
지었느니라. 그 때 한 보살비구가 있었으니 이름은 상
불경(常不輕)이라 하였느니라.

득대세보살이어, 무슨 인연으로 이름을 상불경이라
하였는가. 이 비구는 무릇 만나는 이가 비구거나 비구
니거나 우바새거나 우바이거나 간에 보는 대로 예배
(禮拜)하고 찬탄(讚歎)하면서 이렇게 말하였느니라.

'나는 그대들을 깊이 공경하고 감히 가벼이 여기거나
업신여기지 않습니다. 왜냐하면, 그대들은 모두 보살의
도를 행하여 마땅히 성불(成佛)할 것이기 때문입니다.'

5 이 비구는 오로지 경전(經典)을 읽거나 외우지는 아니하고 다만 예배만을 행하였느니라. 멀리서 사부대중(四部大衆)들을 보더라도 또한 일부러 따라가서 예배하고 찬탄하면서 '나는 그대들을 깊이 공경하고 감히 가벼이 여기거나 업신여기지 않습니다. 왜냐하면, 그대들은 모두 보살의 도를 행하여 마땅히 성불(成佛)할 것이기 때문입니다.' 하였느니라.

사부대중 가운데 화를 내거나 마음이 부정(不淨)한 이가 있다가 나쁜 말로 욕설을 하면서 말하기를 '이 무지(無智)한 비구야, 어디서 왔기에 스스로 말하되, 나는 그대들을 경멸하지 않는다고 하면서 우리에게 마땅히 성불하리라고 수기(授記)를 주는가. 우리는 그런 허망한 수기를 받지 않겠다.' 라고 하였느니라.

이렇게 여러 해를 다니면서 항상 욕설과 꾸짖음을 당하여도 화도 내지 아니 하고 항상 말하기를 '그대들은 마땅히 성불하리라' 고 하였느니라.

6 이러한 말을 할 적에 여러 사람들이 몽둥이로 때리거나 돌을 던지면 멀리 피하여 달아나면서도 오히려 음성을 높여서 외치기를 '나는 그대들을 감히 경멸하

지 않습니다. 그대들은 모두다 마땅히 성불할 것입니다.'하였느니라.

그가 항상 이렇게 말하므로 뛰어난 체하는 비구·비구니와 우바새·우바이들이 별명을 지어서 상불경(常不輕)이라 하였느니라.

4. 경전을 바로 믿는 사람의 공덕

7 이 비구가 운명하려 할 때에 허공 중에서 위음왕불이 먼저 설하신 법화경 이십 천만억 게송을 모두 듣고 다 받아 지니었느니라. 그래서 위와 같이 눈이 청정하고 귀와 코와 혀와 몸과 의식이 청정하여졌느니라. 육근(六根)이 청정하여진 뒤에 다시 수명이 불어나서 이백 만억 나유타 해가 지나도록 여러 사람들에게 이 법화경을 널리 설하였느니라.

8 이 때에 뛰어난 체하던 사부대중인 비구·비구니·우바새·우바이들로서 이 사람을 가벼이 여기고 천대하여 상불경(常不輕)이라는 별명을 짓던 이들이 그가

큰 신통의 힘과 말을 잘하는 변재(辯才)의 힘과 매우 선하고 고요한 힘을 얻은 것들 보며, 그 말하는 것을 듣고는 모두 믿고 따르고 복종하였느니라. 이 보살은 다시 천만억 대중들을 교화하여 최상의 깨달음에 머물게 하였느니라.

수명을 마친 뒤에는 이천억 부처님을 만났으니 다 이름이 일월등명(日月燈明)이시니라. 그 부처님의 불법 가운데서 이 법화경을 말씀하였느니라. 그 인연으로 다시 이천억 부처님을 만났으니 다같이 이름이 운자재등왕(雲自在燈王)이시니라.

9 이 여러 부처님의 법 가운데서 이 경전을 받아 지니고 읽고 외우고 사부대중들을 위하여 이 경전을 해설하였으므로 이 보통 눈이 청정하고, 귀·코·혀·몸·의식이 청정하게 되어 사부대중 가운데서 법을 설하는데 두려운 마음이 없었느니라.

득대세보살이여, 이 상불경보살마하살이 이러한 여러 부처님께 공양 공경하고 존중 찬탄하여 온갖 선근(善根)을 심었느니라. 그 뒤에 또 천만억 부처님을 만났고 또 그 부처님의 법 가운데서 이 경전을 설하며 공덕이 이루어져서 마땅히 성불(成佛)하게 되었느니라.

5. 상불경보살은 곧 석가모니불(釋迦牟尼佛)

10 득대세보살이여, 어떻게 생각하는가. 그 때의 상불경보살이 어찌 다른 사람이겠는가. 내 자신이었느니라. 내가 과거에 이 경전을 받아 지니고 읽고 외우고 다른 이를 위하여 설하지 아니 하였더라면 최상의 깨달음을 빨리 얻지 못하였으리라. 내가 먼저 부처님이 계신 데서 이 경을 받아 지니고 읽고 외우고 다른 이에게 설하였으므로 최상의 깨달음을 빨리 얻었느니라.

6. 수기(授記)를 부정한 사람들의 과보

11 득대세보살이여, 그 때의 사부대중인 비구·비구니·우바새·우바이들은 성내는 마음으로 나를 천시하였으므로 이백억 겁 동안에 부처님을 만나지 못하고 법을 듣지 못하고 스님들을 보지 못하였느니라. 이천

겁 동안 아비지옥에서 큰 고통을 받았고, 그 죄의 과보가 끝나고는 다시 상불경(常不輕)보살을 만나서 최상의 깨달음에 대한 교화를 받았느니라.

득대세보살이여, 어떻게 생각하는가. 그 때의 사부대중으로서 이 보살을 경멸하던 이가 어찌 다른 사람이겠는가. 지금 이 회중(會中)에 있는 발타바라(跋陀婆羅) 등 오백 명의 보살과 사자월(師子月) 등 오백 명의 비구니와 사불(思佛) 등 오백 명의 우바새들이니라. 모두 최상의 깨달음에서 물러가지 아니하는 이들이니라.

12 득대세보살이여, 마땅히 알아라. 이 법화경은 모든 보살마하살들을 크게 이익케 하여 최상의 깨달음에 이르게 하느니라. 그러므로 보살마하살들은 여래가 열반한 뒤에 이 법화경을 항상 받아 지니고 읽고 외우고 해설하고 쓰고 출판하여야 하느니라."

7. 게송으로 거듭 밝히다

(1) 위음왕(威音王)여래

13 이 때 세존께서 이 뜻을 거듭 펴시려고 게송으로 말
씀하셨습니다.
　　"지난 세상에 부처님이 계셨으니
　　이름이 위음왕(威音王)이니라.
　　신묘한 지혜가 한량없어서 모든 중생들을 인도하고
　　천신·사람·용·귀신들의 공양을 받았느니라.

(2) 상불경(常不輕)보살

14 이 부처님이 열반하시고 법이 없어지려는 때에
　　한 보살이 있었으니 이름이 상불경보살이니라.
　　그 때에 있던 사부대중들은
　　법을 계교(計較)하고 집착하였느니라.
　　그 때 상불경보살이 그들이 있는 처소에 가서
　　이렇게 말하기를, '그대를 경멸하지 않나니
　　그대들은 도를 닦아서 모두 다 부처님이 되리라.
　　그 사람들이 이 말을 듣고는 천시하고 욕을 했지만

상불경보살은 참고 잘 받아 들였느니라.

15 그들이 죄의 과보를 마친 뒤에

그 보살의 목숨을 마치려는 때

이 법화경의 법문을 듣고 육근이 청정해지며

신통한 힘으로써 수명이 더하여지고

또 여러 사람들을 위해

이 경전을 널리 설하였느니라.

법에 집착한 여러 무리들은 보살의 교화를 받고

공덕을 성취하여 불도에 머물게 되었느니라.

상불경보살이 수명을 마칠 무렵

무수한 부처님을 만나

이 경전을 말씀한 연고로 한량없는 복을 얻고

점점 공덕을 갖추어

부처님의 도를 빨리 이루었느니라.

16 그 때의 상불경보살은 지금의 나 자신이요,

그 때의 사부대중으로 법에 집착하던 이들은

상불경보살이 말하기를 그대들은 성불하리라 하니

그 말을 들은 인연으로

무수한 부처님을 만난 이들로서
지금 이 회중에 있는 오백 명의 보살대중과
그밖의 사부대중인 우바새 · 우바이들이
지금 나의 앞에서 법문을 듣는 이들이니라.
내가 이전 세상에 여러 사람들을 권하여
가장 첫째 가는 법인 이 법화경 법문을 듣게 하며
열어 보이고 사람들을 가르쳐서 열반에 머물게 하며
세세 생생에 이런 경전을
항상 받들고 지니게 하느니라.

17 억억만겁 동안 헤아릴 수 없을 때까지
이 법화경 법문을 항상 듣게 되고
억억만겁 동안 헤아릴 수 없을 때까지
여러 부처님 세존이 항상 이 경을 말씀하시니라.
그러므로 수행하는 사람들은 부처님이 열반하신 뒤
이 경전을 듣고는 의혹을 내지 말지니라.
마땅히 한결같은 마음으로 이 경전을 널리 설하면
세세생생에 부처님을 만나 빨리 성불(成佛)하리라.

21

여래신력품 如來神力品

1. 땅에서 솟아 나온 보살대중

2. 여래의 신력(神力)

3. 경전을 찬탄하고 유통을 부촉(咐囑)하다

4. 게송으로 거듭 설하다
   (1) 부처님의 신력(神力)
   (2) 유통을 부촉(咐囑)하다

제21 여래신력품(如來神力品)

1. 땅에서 솟아 나온 보살대중

1 그 때에 땅 속에서 솟아 올라온 일천 세계의 작은 먼지 수와 같은 보살마하살들이 부처님 앞에서 일심으로 합장하고 존안(尊顔)을 우러러 바라보며 부처님께 말씀드렸습니다.

"세존이시여, 저희들이 부처님 열반하신 뒤에 세존의 분신이 계시는 국토와 열반하신 곳에서 마땅히 이 경전을 널리 해설하겠습니다.

그 까닭은 저희들도 또한 이 진실하고 청정한 큰 법을 얻어서 받아 지니고 읽고 외우고 해설하며 쓰고 출판하여 공양(供養)하려 합니다."

2. 여래의 신력(神力)

2 이 때 세존이 문수사리(文殊師利)보살 등과 예전부터 사바세계에 있던 한량없는 백천만억 보살마하살과 그리고 모든 비구·비구니·우바새·우바이·천신· 용·야차·건달바·아수라·가루라·긴나라·마후라가와 사람과 사람 아닌 여러 대중 앞에서 큰 신통(神通)의 힘을 나타내었습니다. 넓고 긴 혀를 내밀어 위로는 범천(梵天)에 이르게 하여 진실을 나타내시었습니다. 일체 모공(毛孔)으로는 한량없고 수없는 빛깔의 광명(光明)을 놓아 시방세계에 두루 비추었습니다.

여러 보배나무 아래의 사자좌 위에 앉으셨던 모든 부처님들도 또한 그와 같이 넓고 긴 혀를 내밀어 진실을 나타내시고 한량없는 광명을 놓았습니다.

석가모니 부처님과 보배나무 아래에 계신 부처님들이 신통의 힘을 나타내신 지 백천 년이 지나고서야 혀를 도로 거두시고, 일시에 기침을 하시며 한꺼번에 손가락을 퉁기시었습니다. 두 음성이 시방의 여러 부처님 세계에 두루 퍼지고 그 땅이 여섯 가지로 진동(震動)하였습니다.

3 그 가운데 있는 중생으로서 천신 · 용 · 야차 · 건달바 · 아수라 · 가루라 · 긴나라 · 마후라가와 사람과 사람 아닌 이들이 부처님의 신통한 힘〔神力〕을 말미암아 이 사바세계의 한량없고 그지없는 백천 만억 보배나무 아래 사자좌에 앉으신 여러 부처님을 친견(親見)하였습니다. 또 석가모니 부처님과 다보(多寶)여래께서 보배탑 안의 사자좌에 앉아 계시는 것을 보았습니다. 또 한량없고 그지없는 백천만억 보살마하살과 사부대중들이 석가모니 부처님을 공경하여 둘러 모시고 있는 것을 보았습니다. 이런 것을 보고 나서 모두 다 환희하여 미증유를 얻었습니다.

4 그 때에 여러 천신들이 허공 중에서 소리를 높여 외쳤습니다.

"여기서 한량없고 그지없는 백천 만억 아승지 세계를 지나가서 국토가 있으니 이름이 사바세계(娑婆世界)요, 그 가운데 부처님이 계시니 이름이 석가모니(釋迦牟尼)시니라. 지금 여러 보살마하살들을 위하여 대승경(大乘經)을 설하시니 이름이 묘법연화경(妙法蓮華經)이니

라. 보살들을 가르치는 법이며, 부처님께서 보호하고 아끼시는 것이니라. 그대들은 마땅히 깊은 마음으로 따라 기뻐할 것이며 석가모니 부처님께 예배하고 공양할지니라."

5 저 모든 중생들이 허공 중에서 나는 소리를 듣고는 합장(合掌)하고 사바세계를 향하여 이렇게 말하였습니다.

"나무 석가모니불, 나무 석가모니불."

그리고 가지가지 꽃과 향과 영락과 번기(幡旗)와 일산과 또 몸을 장엄하는 기구와 보배와 아름다운 물건들을 가지고 모두 함께 멀리서 사바세계에 흩었습니다.

그 흩은 물건들이 시방에서 오는 것이 마치 구름이 모이듯이 하며, 변하여 보배휘장이 되어 여기 계시는 여러 부처님들의 위를 두루 덮었습니다. 이 때 시방 세계가 환하게 트이고 막힘이 없어서 마치 하나의 세계와 같이 되었습니다.

3. 경전을 찬탄하고 유통을 부촉(咐囑)하다

6 이 때에 부처님께서 상행(上行) 등 보살대중들에게

말씀하셨습니다.

"여러 부처님의 신통한 힘이 이렇게 한량이 없고 그지없어 불가사의하니라. 만약 내가 이러한 신통의 힘으로써 한량없고 그지없는 백천 만억 아승지 겁 동안에 뒷사람들에게 부촉(咐囑)하기 위하여 이 경전의 공덕을 말하더라도 오히려 다할 수 없느니라.

중요한 점만을 들어서 말하자면, 여래의 가지신 법과 여래의 온갖 자재하신 신통의 힘과 여래의 온갖 비밀하고 요긴한 법장(法藏)과 여래의 매우 깊은 온갖 일들을 모두 이 경에서 펼쳐 보이며 드러내어 말씀하셨느니라.

7 그러므로 그대들이 여래가 열반한 뒤에 한결같은 마음으로 받아 지니고 읽고 외우고 해설하고 쓰고 출판하여 말한 대로 수행(修行)할지니라.

어느 국토에서나 이 경전을 받아 지니고 읽고 외우고 해설하고 쓰고 말한 대로 수행하는 이가 있거나 이 경전이 있는 곳이면, 동산이거나 숲 속이거나 나무 아래거나 승방(僧坊)이거나 신도(信徒)들의 집에서거나 전각이거나 산골짜기거나 넓은 들판이거나 모두 다 탑을 쌓아 공양하여야 하느니라. 왜냐하면, 마땅히 알아라. 이 곳이 곧 깨달음의 도량(道場)이니라. 모든 부처님들이 다 여기에서 최상의 깨달음을 얻었으며, 모든 부처님들이 여기에서 법륜(法輪)을 굴리며 모든 부처님들이 다 여기에서 열반에 드시느니라."

4. 게송으로 거듭 설하다

(1) 부처님의 신력(神力)

8 이 때 세존께서 이 뜻을 거듭 펴시려고 게송으로 말씀하셨습니다.

"세상을 구제하시는 부처님이 큰 신통에 머무르시고
중생들을 기쁘게 하시려고
한량없는 신통의 힘을 나타내시니라.
넓은 혀가 범천까지 이르고
몸에서 수없는 광명을 놓아
불도(佛道)를 구하는 이를 위해
이렇게 희유한 일을 나타내시니라.
부처님의 기침 소리와 손가락 퉁기는 소리가

시방 세계에 두루 들리며
땅이 여섯 가지로 진동하고
부처님이 열반하신 뒤에
이 경전을 수지(受持)하는 까닭에
여러 부처님이 환희하시어
한량없는 신통을 나타내시니라.

(2) 유통을 부촉(咐囑)하다

9 이 경전을 부촉하시려고 받아 지니는 이를 찬탄하되
한량없는 겁 동안에도 오히려 다할 수 없어
이 사람의 짓는 공덕은 그지없고 다할 수 없는 것이
마치 시방의 허공을 그 끝을 알 수 없는 것 같네.

10 이 경전을 지니는 이는 이미 나를 보았고
또 다보 부처님과 여러 분신 부처님을 보며
또 오늘날 내가 보살들을 교화하는 것도 보느니라.
그래서 이 경을 지니는 이는 나와 나의 분신과
열반하신 다보불을 모두 다 기쁘게 하느니라.
시방의 현재 부처님과 과거와 미래의 모든 부처님을
뵙기도 하고 공양도 하여 모두들을 기쁘게 하느니라.

부처님들이 도량에 앉아
얻으신 비밀하고 요긴한 법을
이 경전을 지니는 이는 오래지 않아 얻게 되리라.

11 이 경전을 지니는 이는 모든 법문의 뜻과
이름과 이야기들을 말을 잘하여 다함이 없는 것이
마치 바람이 공중에 불 때 어디나 걸림이 없듯이
여래가 열반한 뒤에 부처님이 연설하신 경전의
인연과 차례를 알고 뜻을 따라 실상대로 말하되
해와 달의 밝은 빛이 모든 어둠을 없애듯이
이 사람이 세간에 다니면
중생의 어두움을 능히 없애고
한량없는 보살들을 교화해서
구경에는 일승(一乘)에 머물게 하느니라.

12 그러므로 지혜가 있는 이는
이런 공덕과 이익을 듣고
내가 열반한 뒤에도 이 경전을 받아 지니리라.
이런 사람은 불도(佛道)에 이르는 것이
결정코 의심할 것이 없느니라.

22

촉루품 囑累品

제22 촉루품(囑累品)

1. 여래가 유통을 부촉(咐囑)하다

1 그 때에 석가모니 부처님께서 법상(法床)에서 일어나 큰 신통의 힘을 나타내시고 오른손으로 한량없는 보살마하살들의 이마를 만지시며 이렇게 말씀하셨습니다.

"내가 한량없는 백천 만억 아승지 겁 동안에 이 얻기 어려운 최상의 깨달음의 법을 닦아 익힌 것을 이제 그대들에게 부축(咐囑)하노라. 그대들은 마땅히 한결같은 마음으로 이 법을 유포(流布)하여 더욱 널리 퍼지게 하라."

2 이와 같이 여러 보살마하살들의 이마를 세 번 만지면서 이렇게 말씀하셨습니다.

"내가 한량없는 백천 만억 아승지 겁 동안에 이 얻기 어려운 최상의 깨달음의 법을 닦아 익힌 것을 이제 그대들에게 부축하노라. 그대들은 이 법을 받아 지니고 읽고 외워서 널리 선포(宣布)하여 모든 중생들로 하여금 잘 듣고 알게 하라.

2. 유통을 부촉하는 이유

3 왜냐하면, 여래는 큰 자비가 있고 모든 간탐(慳貪)이 없으며 두려운 것도 없어서 능히 중생들에게 부처님의 지혜와 여래의 지혜와 자연의 지혜를 주느니라. 여래는 모든 중생들의 대시주(大施主)이니라. 그대들도 응당히 여래의 법을 따라 배우고 아끼는 생각을 내지 말라.

오는 세상에 만일 선남자·선여인이 여래의 지혜를 믿는 이가 있으면 이 법화경을 연설하여 듣고 알게 하라. 그 사람들로 하여금 부처님의 지혜를 얻게 하기 위해서니라. 만일 어떤 중생이 믿지 아니하면 마땅히 여래의 또 다른 깊고 묘한 법에서 보여주고 가르쳐서 이롭고 기쁘게 하라. 그대들이 만일 이렇게 하면 모든 부처님의 은혜(恩惠)에 보답하는 것이 되기 때문이니라."

3. 보살들이 받들어 행할 것을 다짐하다

4 이 때 여러 보살마하살들이 이러한 부처님의 말씀을 듣고 큰 기쁨이 몸에 가득하여 더욱 공경하며 허리를 굽히고 머리를 숙이며 합장하고 부처님을 향하여 함께 말하였습니다.

"세존의 말씀대로 받들어 행하겠습니다. 바라옵건대 세존이시여, 염려하지 마십시오."

여러 보살마하살들이 이렇게 세 번이나 함께 말하였습니다.

"세존의 말씀대로 받들어 행하겠습니다. 바라옵건대 세존이시여, 염려하지 마십시오."

4. 모든 대중들이 환희하다

5 이 때 석가모니 부처님께서 시방에서 오신 여러 분신(分身) 부처님들을 본국으로 돌아가게 하려고 이렇게 말씀하셨습니다.

"여러 부처님들은 각각 편안하신 대로 하시고, 다보

(多寶)부처님의 탑도 돌아가서 예전과 같이 하십시오.”

6 이렇게 말씀하실 때에 시방에서 오셔서 보배나무 아래 사자좌에 앉으셨던 한량없는 분신 부처님들과 다보 부처님과 상행(上行)보살 등 그지없는 아승지 보살대중들과 사리불 등 성문(聲聞)인 사부대중들과 모든 세간의 천신·사람·아수라들이 부처님의 말씀을 듣고 모두 다 크게 환희하였습니다.

23

약왕보살본사품 藥王菩薩本事品

제23 약왕보살본사품(藥王菩薩本事品)

1. 약왕(藥王)보살에 대하여 묻다

1 그 때에 수왕화(宿王華)보살이 부처님께 말씀드렸습니다.

"세존이시여, 약왕(藥王)보살은 어찌하여 사바세계에 다니십니까. 세존이시여, 이 약왕보살이 백천 만억 나유타의 행하기 어려운 고행(苦行)을 얼마나 겪었습니까. 거룩하신 세존이시여, 원컨대 간략히 해설하여 주십시오. 여러 천신 · 용 · 야차 · 건달바 · 아수라 · 가루라 · 긴나라 · 마후라가와 사람과 사람 아닌 이들과, 다른 국토에서 온 보살들과, 여기 있는 성문 대중들이 들으면 모두 환희할 것입니다."

2. 여래가 해설하다

(1) 일월정명덕(日月淨明德)여래

2 이 때 부처님께서 수왕화보살에게 말씀하셨습니다.

"지나간 옛적 한량없는 항하사 겁 전에 부처님이 계셨으니 이름이 일월정명덕(日月淨明德)여래·응공·정변지·명행족·선서·세간해·무상사·조어장부·천인사·불·세존이시며, 그 부처님께 팔십억 대보살마하살과 칠십이 항하사 대성문들이 있었느니라.

부처님의 수명(壽命)은 사만 이천 겁이요, 보살의 수명도 그와 같으며, 그 국토에는 여인과 지옥과 아귀와 축생과 아수라들과 여러 가지 어려움이 없었느니라. 땅이 반듯하여 손바닥과 같은데 유리로 이루어졌느니라. 보배나무로 장엄하고 보배휘장을 위에 덮었으며, 보배 꽃과 번기를 달았는데 보배로 된 병과 향로가 나라 안에 두루 가득하였느니라. 칠보로 된 대(臺)가 있어 나무 하나에 대가 하나씩인데 나무에서 대까지가 한 화살의 사정거리니라. 여러 보배나무마다 보살과 성문들이 그 아래에 앉았으며, 보배로 된 대 위에는 각각 백억 천신들이 있어서 하늘의 기악을 연주하고 노래하며 부처님을 찬탄하여 공양하였느니라.

(2) 일체중생희견(一切衆生喜見)보살의 삼매

3 그 때 그 부처님이 일체중생희견(一切衆生喜見)보살과 여러 보살대중·성문대중들을 위하여 법화경을 설하였느니라. 이 일체중생희견보살이 고행(苦行)하기를 좋아하여 일월정명덕 부처님의 법 가운데서 정진하고 경행(經行)하면서 일심으로 부처님이 되기를 구하여 일만 이천 세가 된 뒤에야 현일체색신삼매(現一切色身三昧)를 얻었느니라.

4 이 삼매를 얻고는 마음이 매우 기뻐서 이렇게 말하였느니라.

'내가 현일체색신삼매를 얻은 것은 모두 법화경을 들은 힘 덕분이니, 내 이제 일월정명덕 부처님과 법화경에 공양하리라.'

그리고 곧 이 삼매에 들어 허공 중에서 만다라화와 마하만다라화와 미세하고 굳고 검은 전단 가루를 비오듯 내리니 허공에 가득하여 구름처럼 내려오고, 또 해차안전단향(海此岸栴檀香)을 비오듯 내리니, 이 향은 육수(六銖)의 값이 사바세계와 맞먹는데 이를 부처님께 공양하였느니라.

⑶ 보살의 소신공양(燒身供養)

5 이렇게 공양(供養)하고는 삼매에서 일어나 스스로 생각하기를 '내가 비록 신통의 힘으로 부처님께 공양하였으나 몸으로써 공양하는 것만 같지 못하리라.' 하고, 곧 온갖 전단향·훈륙향·도루바향·필력가향·침수향·교향 등을 먹었느니라. 또 첨복 등 여러 가지 꽃으로 짠 향유(香油)를 마시기를 일천 이백 년이 되도록 하였느니라. 또 향유를 몸에 바르고 일월정명덕 부처님 앞에서 하늘의 보배 옷으로 몸을 감고 향유를 붓고, 신통(神通)의 힘과 서원(誓願)으로 스스로 몸을 불사르니 광명이 팔십억 항하사 세계에 두루 비치었느니라.

그 세계에 계시는 부처님들이 한꺼번에 찬탄하시었느니라.

'훌륭하다 참으로 훌륭하다. 선남자여, 이것이 진정한 정진(精進)이며, 이것이 참으로 법답게 여래께 공양하는 것이니라. 만일 꽃과 향과 영락과, 사르는 향·가루향·바르는 향과 하늘의 비단 번기와 일산과 해차안의 전단향이나 이와 같은 여러 가지로 공양하는 것으로는 미칠 수 없느니라. 가령 나라나 성시(城市)나 처자

(妻子)로 보시하는 것으로도 미칠 수가 없느니라. 선남자여, 이것은 제일 가는 보시라 할 것이며, 모든 보시 중에 가장 존귀하고 가장 으뜸이니 여래에게 법으로써 공양하는 것이기 때문이니라.'

이렇게 말씀하고는 묵묵하셨느니라. 그 몸이 일천이백 년 동안을 탄 뒤에야 몸이 다하였느니라.

(4) 보살의 화생(化生)

6 일체중생희견보살이 이렇게 법공양(法供養)을 하여 목숨이 다한 뒤에 다시 일월정명덕 부처님의 국토(國土)에 태어나는데, 정덕왕(淨德王)의 가문에 결가부좌하고 홀연히 화생(化生)하였느니라.

그리고 곧 그 아버지를 위하여 게송으로 말하였느니라.

'대왕이시여, 지금 마땅히 아십시오.
내가 저 곳에서 경행(經行)하면서
온갖 색신(色身)을 나타내는 삼매를 얻었습니다.
큰 정진을 부지런히 행할 때 사랑하는 몸을 버리고
세존께 공양한 것은
가장 높은 지혜를 구하기 위한 것입니다.'

7 이 게송을 말하고는 아버지에게 말하였느니라.

'일월정명덕부처님께서는 지금도 계십니다. 내가 먼저 부처님께 공양하고 모든 중생들의 말을 아는 다라니를 얻었습니다. 그리고 다시 법화경의 팔백 천만 억 나유타·견가라·빈바라·아축파 등의 게송을 들었습니다. 대왕이시여, 저는 지금도 돌아가서 이 부처님께 공양하려 합니다.'

(5) 부처님의 처소에 나아가다

8 이렇게 말하고 나서 칠보로 된 대에 앉아 칠 다라수 높이의 허공에 올라가서 부처님이 계신 곳에 이르러 머리를 숙여 발에 예배하고 열 손가락을 모아 합장하고 게송으로 부처님을 찬탄하였느니라.

'존안이 매우 아름다우시고
광명이 시방에 비치십니다.
제가 일찍이 공양하였는데
이제 또 친근(親近)합니다.'"

이 때 일체중생희견보살이 게송을 말하고 부처님께 말씀드렸느니라.

"세존이시여, 세존께서 아직도 세상에 계십니까?"

(6) 여래가 부촉하고 열반에 들다

9 이 때 일월정명덕 부처님께서 일체중생희견보살에게 말씀하셨느니라.

"선남자여, 나는 열반할 때가 되었고 멸진(滅盡)할 때가 되었으니 그대는 평상을 깔아 놓아라. 내가 오늘 밤에 열반에 들리라."

또 다시 일체중생희견보살에게 일렀느니라.

"선남자여, 내가 불법을 그대에게 부촉(附囑)하노라. 또 모든 보살 대제자들과 최상의 깨달음의 법과 또 삼천 대천의 칠보세계와 여러 보배나무와 보배 대와 시중 드는 천신들을 모두 그대에게 맡기노라.

내가 열반한 뒤의 사리(舍利)까지도 그대에게 부촉하노라. 마땅히 널리 선포하되 공양을 많이 베풀고 여러 천 개의 탑을 세우라."

일월정명덕 부처님께서 이렇게 일체중생희견보살에게 분부하시고 밤이 늦은 뒤에 열반에 드시었느니라.

(7) 보살이 부촉을 받들어 행하다

10 이 때 일체중생희견보살은 부처님께서 열반에 드시

는 것을 보고 매우 슬프고 괴로웠느니라. 부처님을 사모하여 곧 해차안 전단향 나무를 쌓아서 부처님의 몸을 공양하여 사르고, 불이 꺼진 뒤에는 사리를 수습하여 팔만 사천 보배 항아리에 담아 팔만 사천 탑을 쌓았느니라. 높이가 삼 세계(三世界)요, 표찰을 세워 장엄하고 번기와 온갖 일산을 드리우며 수많은 보배 풍경을 달았느니라.

이 때 일체중생희견보살이 다시 생각하였느니라.

'내가 비록 이렇게 공양하였으나 마음은 오히려 흡족하지 못하니, 내가 이제 다시 사리에 공양하리라.' 하고 모든 보살 대제자들과 천신·용·야차 등 모든 대중에게 말하였느니라.

'그대들은 마땅히 일심으로 생각하라. 내 이제 일월정명덕 부처님의 사리에 공양하려 하노라.'

11 이렇게 말하고 나서 곧 팔만 사천 탑 앞에서 백 가지 복으로 장엄한 팔을 칠만 이천 년 동안 태워서 공양하여 성문을 구하는 수없는 대중과 한량없는 아승지 사람들로 하여금 최상의 깨달음에 대한 마음을 내고 모두 온갖 색신을 나타내는(現一切色身) 삼매에 머물게

하였느니라.

12 그 때에 모든 보살과 천신과 사람과 아수라들이 그의 팔이 없어진 것을 보고 근심하고 슬퍼하면서 이렇게 말하였느니라.

'이 일체중생희견보살은 우리의 스승이고 우리를 교화(教化)하시는 분이거늘 이제 팔을 태워서 몸이 불구(不具)가 되었구나.'

그 때 일체중생희견보살이 대중 가운데서 이렇게 서원(誓願)하였느니라.

'내가 두 팔을 버렸으니 반드시 부처님의 금빛 같은 몸을 얻을 것이다. 이 말이 진실하고 허망하지 않다면 나의 두 팔이 다시 전과 같아지게 하소서.'

이렇게 서원을 마치니 저절로 두 팔이 이전과 같아졌느니라. 이것은 보살의 복덕과 지혜가 순수하고 두터운 까닭이니라.

이 때를 맞이하여 삼천 대천 세계가 여섯 가지로 진동하며 하늘에서는 꽃비를 내려 모든 사람과 천신들이 미증유(未曾有)를 얻었느니라."

3. 그 옛날 그 보살은 오늘의 약왕보살

13 부처님께서 수왕화보살에게 말씀하셨습니다.

"그대는 어떻게 생각하는가. 일체중생희견보살은 다른 사람이 아니라 지금의 약왕(藥王)보살이니라. 이처럼 그 몸을 버려 보시한 것이 한량없는 백천만억 나유타이니라.

수왕화보살이여, 최상의 깨달음을 얻으려는 마음을 낸 사람들은 한 손가락이나 한 발가락을 태워서 부처님의 탑에 공양하면, 나라나 도시나 처자나 삼천 대천세계의 토지와 산림과 하천(河川)이나 온갖 보물로 공양하는 것보다 훨씬 수승(殊勝)하리라.

4. 법화경의 공덕을 찬탄하다

14 만일 어떤 사람이 삼천 대천세계에 칠보를 가득히 채워서 부처님과 대보살과 벽지불과 아라한들에게 공양하더라도 그 사람의 공덕은 이 법화경을 수지하되 한 사구게송(四句偈頌)만을 받아 지닌 것만 같지 못하리라. 법화경을 받아 지니는 그 복덕(福德)이 가장 많으리라.

5. 비유로써 모든 경 중에 제일임을 밝히다

15 수왕화보살이여, 마치 모든 시내와 개천과 강들의 모든 물 가운데는 바다가 제일이듯이 이 법화경(法華經)도 그와 같아서 모든 여래가 말씀하신 경 가운데 가장 깊고 크니라.

16 또 토산 · 흑산 · 소철위산 · 대철위산과 열 보산(寶山) 등 모든 산 가운데는 수미산(須彌山)이 제일이듯이 이 법화경도 그와 같아서 모든 경전 가운데서 가장 으뜸이니라.

17 또 모든 별 가운데는 달[月天子]이 가장 제일이듯이 이 법화경도 그와 같아서 천만 억 모든 경전 가운데 가장 밝게 비추느니라.

18 또 해[日天子]가 능히 모든 어두움을 없애듯이 이 경도 또한 그와 같아서 온갖 좋지 못한 어두움을 능히 깨뜨리느니라.

19 또 모든 작은 왕들 가운데는 전륜성왕(轉輪聖王)이 가장 제일이듯이 이 경도 또한 그와 같아서 여러 경전 가운데 가장 높으니라.

20 또 제석천왕(帝釋天王)이 삼십 삼 천 가운데 왕이 되듯이 이 경도 또한 그와 같아서 모든 경 가운데 왕(王)이니라.

21 또 대범천왕이 모든 중생들의 아버지이듯이 이 경도 또한 그와 같아서 모든 현인·성인·학(學)·무학(無學)과 보살의 마음을 낸 사람들의 아버지이니라.
22 또 모든 범부(凡夫)들 가운데는 수다원·사다함·아나함·아라한·벽지불이 제일이 되듯이 이 경도 또한 그와 같아서 모든 여래가 설하고, 또 보살이 설하고, 성문이 설한 모든 경법(經法) 가운데 가장 제일이 되느니라. 또 이 경전을 능히 받아 지니는 이도 또한 그와 같아서 모든 중생들 가운데 제일이 되느니라.

23 모든 성문·벽지불 가운데는 보살이 제일이듯이 이

경도 또한 그와 같아서 모든 경법 가운데 가장 제일이
되느니라.

24 부처님이 모든 법의 왕이듯이 이 경도 또한 그와 같
아서 모든 경 가운데 왕이 되느니라.

6. 법화경은 이러한 능력이 있다

25 수왕화여, 이 경은 능히 모든 중생을 구원하는 것이
며, 이 경은 모든 중생들로 하여금 모든 괴로움을 여의
게 하며, 이 경은 모든 중생들을 이익하게 하여 그 소
원을 만족케 하느니라.
　마치 시원한 못이 일체 모든 목마른 이를 만족케 함
과 같으며,
　추운 이가 불을 얻음과 같으며,
　헐벗은 이가 옷을 얻은 것 같으며,
　장사하는 사람이 물주를 만남과 같으며,
　아들이 어머니를 만남과 같으며,
　물을 건너는 이가 배를 만남과 같으며,

병이 난 이가 의사를 만남과 같으며,

어두울 적에 등불을 얻음과 같으며,

가난한 이가 보물을 얻음과 같으며,

백성이 임금을 만남과 같으며,

장사하는 사람이 바다를 건너는 것과 같으며,

횃불이 어두움을 없앰과 같으니라.

이 법화경도 또한 그와 같아서 중생들로 하여금 모든 고통과 모든 병을 여의게 하며 능히 모든 중생들의 생사(生死)의 속박을 풀어주느니라.

7. 경을 수지하는 공덕

(1) 전경(全經)을 들은 공덕

26 만약 어떤 사람이 이 법화경을 듣고 스스로 쓰거나 사람을 시켜 쓰면 그가 얻은 공덕은 부처님의 지혜로 그 수효를 계산하여도 그 끝을 다할 수 없느니라.

만일 이 경을 쓰고 꽃·향·영락·사르는 향·가루향·바르는 향·번기·일산·의복과 갖가지 등인 우유등·기름등·향유등·첨복 기름등·수만나 기름등·

바라라 기름등 · 바리사가 기름등 · 나바마리 기름등으로 공양하면 그가 얻는 공덕도 또한 한량이 없느니라.

⑵ 약왕보살본사품(本事品)을 들은 공덕

27 수왕화여, 만약 어떤 사람이 이 약왕보살본사품(藥王菩薩本事品)을 들으면 또한 한량없고 그지없는 공덕을 얻으리라. 만일 여인(女人)이 이 약왕보살본사품을 듣고 능히 받아 지니면 이번에 받은 여인의 몸이 다한 후에는 다시는 받지 아니하리라.

만약 여래가 열반한 뒤 후(後) 오백년 가운데 어떤 여인이 이 경전을 듣고 말한 대로 수행하면 여기서 명(命)을 마치고는 곧 극락세계의 아미타불이 보살대중들에게 둘러싸인 곳에 가서 연꽃 속에 있는 보좌(寶座) 위에 태어나게 되느니라.

다시는 탐욕의 괴로움도 없고 성내고 어리석음의 괴로움도 없고 교만과 질투 따위의 괴로움도 없으리라. 보살의 신통과 무생법인(無生法忍)을 얻으며, 이 법인을 얻고는 눈이 청정하게 되리라. 이 청정한 눈으로 칠백만 이천억 나유타 항하사의 부처님 여래를 친견하리라.

28 이 때 모든 부처님들이 멀리서 함께 칭찬하리라.

'훌륭하고 훌륭하여라. 선남자여, 그대가 능히 석가모니 불법(佛法) 가운데서 이 경을 받아 지니고 읽고 외우고 생각하며 다른 이에게 해설하나니 그로 인하여 얻는 복덕이 한량없고 그지없으리라. 불이 능히 태우지 못하고 물이 능히 빠뜨리지 못하리라. 그대의 공덕을 일천 부처님이 함께 말씀하여도 능히 다 하지 못하리라.

그대는 이미 모든 마군을 능히 깨뜨렸으며 생사의 군대를 파괴하였으며 모든 원적(怨敵)들을 다 꺾어 버렸느니라.'

선남자여, 백천의 부처님들이 신통의 힘으로 그대를 수호하나니 일체 모든 세간의 천신과 사람들 중에 그대와 같은 이가 없느니라. 오직 여래를 제외하고는 여러 성문이나 벽지불이나 내지 보살의 지혜와 선정으로는 그대와 같은 이가 없느니라.

수왕화여, 이 보살이 이와 같은 공덕과 지혜의 힘을 성취하였느니라.

만약 어떤 사람이 이 약왕보살본사품을 듣고 능히 따라 기뻐하고 찬탄하는 이가 있으면 이 사람은 이 세상에 있으면서 입에서 청련화(靑蓮華) 향기가 항상 나고 몸에서는 모공(毛孔)마다 우두전단 향기가 항상 나리라. 그가 얻는 공덕은 위에서 말한 것과 같으니라.

⑶ 약왕보살본사품을 부촉하다

29 그러므로 수왕화여, 이 약왕보살본사품을 그대에게 부촉(咐囑)하노라. 내가 열반한 뒤 후(後) 오백년 동안에 널리 남섬부주(南贍部洲)에 선포하여 끊어지지 말게 하라. 나쁜 마왕과 마군의 백성과, 천신·용·야차·구반다들이 그 틈을 엿보지 못하게 하라.

수왕화여, 그대는 마땅히 신통의 힘으로 이 경을 수호해야 하느니라. 왜냐하면, 이 경은 남섬부주 사람들의 병에 좋은 약이 되기 때문이니라. 만일 병이 있는 사람이 이 경을 들으면 병은 곧 소멸하고 늙지도 않고 죽지도 않으리라.

30 수왕화여, 그대가 만일 이 경을 받아 지니는 이를 보거든 마땅히 푸른 연꽃에 가루 향을 가득 담아 그 위에 흩어 공양할 것이니라. 흩고는 다시 생각하기를 '이 사람이 머지 않아서 반드시 길상초(吉祥草)를 깔고 도

량(道場)에 앉아서 모든 마군들을 물리칠 것이니라. 법의 소라를 불고 큰 법의 북을 쳐서 모든 중생들의 늙고 병들고 죽는 바다에서 해탈케 하리라' 하라. 그러므로 부처님의 도를 구하는 이는 이 경전을 받아 지니는 이를 보면 마땅히 이와 같이 공경하는 마음을 내야 하느니라."

(4) 약왕보살본사품을 설한 이익

31 이 약왕보살본사품을 설하실 때에 팔만 사천 보살들이 모든 중생들의 말을 다 아는 다라니(多羅尼)를 얻었습니다.

다보여래(多寶如來)는 보탑 가운데서 수왕화보살을 찬탄하였습니다.

"훌륭하고 훌륭하여라. 수왕화여, 그대는 불가사의 한 공덕을 성취하였느니라. 능히 석가모니 부처님에게 이런 일을 물어서 한량없는 모든 중생을 이익케 하였느니라."

24
묘음보살품 妙音菩薩品

1. 부처님이 광명(光明)을 놓다

2. 묘음보살(妙音菩薩)이 얻은 삼매

3. 묘음보살이 사바세계에 가기를 원하다

4. 정화수왕지불이 주의를 주다

5. 묘음보살의 수행력(修行力)

6. 묘음보살이 오는 모습

7. 묘음보살이 안부(安否)를 전하다

8. 묘음보살의 선근(善根)과 공덕(功德)

9. 묘음보살의 신력(神力)

10. 삼매에 대한 문답(問答)

11. 묘음보살품을 설하고 삼매를 얻다

12. 묘음보살이 본토(本土)로 돌아가다

제24 묘음보살품(妙音菩薩品)

1. 부처님이 광명(光明)을 놓다

1 그 때에 석가모니 부처님께서 대인상(大人相)의 육계(肉髻)에서 광명을 놓고 또 미간백호상(眉間白毫相)에서 광명을 놓아 동방으로 백 팔 만억 나유타 항하사와 같은 부처님 세계를 비추셨습니다.

이러한 수의 세계를 지나가서 또 세계가 있으니 이름이 정광장엄(淨光莊嚴)이요, 그 세계에 부처님이 계시니 이름이 정화수왕지(淨華宿王智)여래 · 응공 · 정변지 · 명행족 · 선서 · 세간해 · 무상사 · 조어장부 · 천인사 · 불 · 세존이셨습니다. 한량없고 그지없는 보살대중들에게 둘러싸여 공경을 받으면서 법을 설하시었습니다. 석가모니 부처님의 백호상의 광명이 그 국토에 두루 비치었습니다.

2. 묘음보살(妙音菩薩)이 얻은 삼매

2 이 때 정광장엄세계에 한 보살이 있으니 이름이 묘음(妙音)이었습니다. 그는 오래 전부터 모든 덕의 근본을 심었으며, 한량없는 백천 만억 부처님께 공양하고 친근하면서 매우 깊은 지혜를 다 성취하였습니다.

묘당상(妙幢相)삼매와 법화(法華)삼매와 정덕(淨德)삼매와 수왕희(宿王戲)삼매와 무연(無緣)삼매와 지인(智印)삼매와 해일체중생어언(解一切衆生語言)삼매와 집일체공덕(集一切功德)삼매와 청정(淸淨)삼매와 신통유희(神通遊戲)삼매와 혜거(慧炬)삼매와 장엄왕(莊嚴王)삼매와 정광명(淨光明)삼매와 정장(淨藏)삼매와 불공(不共)삼매와 일선(日旋)삼매를 얻었습니다.

이와 같은 백천 만억 항하강의 모래수 같은 모든 큰 삼매를 다 얻었습니다.

3. 묘음보살이 사바세계에 가기를 원하다

3 석가모니 부처님의 광명이 그의 몸에 비치니 곧 정

화수왕지 부처님께 말씀드렸습니다.

"세존이시여, 제가 마땅히 사바세계에 가서 석가모니 부처님께 예배하고 친근하고 공양하려 합니다. 또 문수사리법왕자(文殊師利法王子)보살과 약왕(藥王)보살과 용시(勇施)보살과 수왕화(宿王華)보살과 상행의(上行意)보살과 장엄왕(莊嚴王)보살과 약상(藥上)보살을 친견하고자 합니다."

4. 정화수왕지불이 주의를 주다

4 이 때 정화수왕지불께서 묘음보살에게 말씀하셨습니다.

"그대는 저 국토를 업신여겨서 하열(下劣)하다는 생각을 내지 말라. 선남자여, 저 사바세계는 높고 낮고 해서 평탄하지 못하니라. 흙산과 돌산과 더러운 것과 나쁜 것이 가득하니라. 부처님의 몸은 작고 보살들의 형상도 작은데 그대의 몸은 사만 이천 유순이나 되고 내 몸은 육백 팔십만 유순이나 되니라. 그대의 몸은 매우 단정하여 백천만 가지의 복덕(福德)에 광명이 뛰어나게 아름다우니라. 그러므로 그대가 가더라도 그 국토를 업신여기지 말고 부처님과 보살들과 국토에 대하여 하열하다는 생각을 내지 말라.”

묘음보살이 그 부처님께 말씀드렸습니다.

“세존이시여, 제가 지금 사바세계에 가는 것은 다 여래의 힘입니다. 여래의 신통으로 유희(遊戲)하며 여래의 공덕과 지혜로 장엄(莊嚴)하였습니다.”

5. 묘음보살의 수행력(修行力)

5 이에 묘음보살이 자리에서 일어나지 않고 몸은 동요하지 않은 채 삼매에 들었습니다. 삼매의 힘으로 기사굴산(耆闍崛山)의 설법하는 자리에서 멀지 않은 곳에 팔만 사천이나 되는 보배 연꽃을 변화하여 만들었습니다. 염부단금으로 줄기가 되고 백은(白銀)으로 잎이 되고 금강(金剛)으로 꽃술이 되고 견숙가 보배로 꽃받침이 되었습니다.

6 이 때 문수사리법왕자가 이 연꽃을 보고 부처님께 말씀드렸습니다.

"세존이시여, 무슨 인연으로 이 상서(祥瑞)가 나타났습니까? 수많은 천만 송이의 연꽃이 나타났는데 염부단금으로 줄기가 되고 백은으로 잎이 되고 금강으로 꽃술이 되고 견숙가 보배로 꽃받침이 되었습니다."

7 이 때 석가모니불께서 문수사리에게 말씀하셨습니다.

"이는 묘음보살마하살이 정화수왕지불의 국토에서 팔만 사천 보살들에게 둘러싸여 이 사바세계에 와서 나에게 공양하고 친근하고 예배하려는 것이며, 또 법화경에 공양하고 들으려는 것이니라."

8 문수사리보살이 부처님께 말씀드렸습니다.

"세존이시여, 그 보살이 어떠한 선근(善根)을 심었으며 무슨 공덕을 닦았기에 이런 큰 신통력이 있으며, 무슨 삼매를 행하십니까? 저희들에게 그 삼매의 이름을 말씀하여 주십시오. 저희들도 또한 부지런히 닦으려 합니다. 이 삼매를 수행하고야 능히 그 보살의 몸매의 크고 작음과 가고 서는 위의(威儀)를 볼 수 있겠습니다.

바라건대 세존께서 신통의 힘으로 그 보살이 오는 것을 저희들이 보게 하여 주십시오."

9 이 때 석가모니 부처님께서 문수사리에게 말씀하셨습니다.

"오래 전에 열반하신 다보(多寶)여래께서 마땅히 그대들을 위하여 그 모습을 나타나게 하리라."

이 때 다보여래께서 그 보살에게 말씀하셨습니다.

"선남자여, 오너라. 문수사리법왕자가 그대의 몸을 보고자 하느니라."

6. 묘음보살이 오는 모습

10 이 때 묘음보살이 그 국토에서 없어져서 팔만 사천 보살들과 함께 떠나서 오는데, 지나오는 국토들마다 여섯 가지로 진동하고 모두 칠보로 된 연꽃을 비내려 백천 가지 하늘 음악이 연주하는 이가 없는데도 저절로 울리었습니다.

11 이 보살의 눈은 넓고 크고 푸른 연꽃과 같으며 가령 백천 만 개의 달을 모아 놓더라도 그 얼굴의 단정하기는 이보다도 더 낫습니다. 몸은 황금빛인데 한량없는 백천 공덕으로 장엄하였고, 위덕(威德)이 훌륭하고 광명이 찬란하여 여러 가지 모습을 구족한 것이 마치 나라연(那羅延)금강의 견고한 몸과 같았습니다.

12 칠보로 된 대에 들어가 허공으로 올라가서 일곱 다리수 쯤 떠서 보살대중들의 공경을 받으며 둘러 싸여서 왔습니다. 이 사바세계의 기사굴산에 이르러서는 칠보로 된 대에서 내려와 값이 백천 만금이나 나가는 영락(瓔珞)을 가지고 석가모니 부처님 계신 데 이르러 머리를 숙여 발에 예배하고 영락을 받들어 올리면서 부처님께 말씀드렸습니다.

7. 묘음보살이 안부(安否)를 전하다

13 "세존이시여, 정화수왕지 부처님이 세존(世尊)께 문안하시었습니다.

'건강하시고 편안하십니까? 기거하시기는 어려움이 없으시고 안락하게 행하십니까? 사대(四大)가 조화롭고 화평하십니까? 세상의 일은 견디실 만하십니까? 중생들도 제도하기 쉬우십니까? 탐욕이 많고 성냄이 많고 어리석고 질투하고 간탐하고 교만이 많은 이는 없습니까? 부모에게 불효하고 사문(沙門)을 공경치 않고 삿된 소견과 악한 마음을 가진 이는 없습니까? 다섯 가지 정욕(情慾)을 잘 관리하여 거두어들입니까? 세존이시여, 중생들이 마군과 원수를 잘 항복 받습니까? 오래 전에 열반하신 다보여래께서 칠보탑 안에 계시면서 오셔서 법을 듣습니까?

14 또 다보여래께 문안하시기를, '편안하시고 시끄러움은 없으십니까? 잘 참고 견디시며 오래 머무십니까?' 하시었습니다.

세존이시여, 제가 지금 다보 부처님의 몸을 친견하고자 합니다. 원컨대 세존께서 저로 하여금 친견하게 하여 주십시오."

이 때 석가모니 부처님께서 다보 부처님께 말씀하시었습니다.

"이 묘음보살이 친견하고자 합니다."

이 때 다보 부처님께서 묘음보살에게 말씀하셨습니다.

"훌륭하고 훌륭하여라. 그대가 석가모니 부처님에게 공양하고 법화경을 듣고 문수사리 등을 보기 위하여 여기에 왔구나."

8. 묘음보살의 선근(善根)과 공덕(功德)

15 그 때 화덕보살이 부처님께 말씀드렸습니다.

"세존이시여, 이 묘음보살이 무슨 선근(善根)을 심었으며 무슨 공덕(功德)을 닦았기에 이런 신통의 힘이 있습니까?"

부처님께서 화덕보살에게 말씀하셨습니다.

"지난 세상에 부처님이 계시었으니 이름이 운뢰음왕(雲雷音王) 여래·응공(應供)·정변지(正遍知)이시니라. 국토의 이름은 현일체세간(現一切世間)이고, 겁의 이름은 희견(喜見)이었느니라.

묘음보살이 일만 이천년 동안 십만 가지 풍류를 연주하여 운뢰음왕 부처님께 공양하고, 팔만 사천 칠보

발우(鉢盂)를 받들어 올렸느니라. 그 때의 인연과 과보로 지금 정화수왕지 부처님 국토에 났으므로 이런 신통의 힘이 있느니라.

화덕이여, 어떻게 생각하는가? 그 때 운뢰음왕 부처님이 계신 곳에서 묘음보살이 풍류를 연주하여 공양하고 발우를 받들어 올린 이가 어찌 다른 사람이겠는가. 지금 여기에 있는 묘음보살마하살이니라.

화덕이여, 이 묘음보살이 이미 일찍이 한량없는 부처님들에게 공양하고 친근하여 오래도록 덕의 근본을 심었고, 또 항하강의 모래 수와 같은 백천 만억 나유타 부처님을 만났느니라.

9. 묘음보살의 신력(神力)

16 화덕이여, 그대가 다만 묘음보살의 몸이 여기 있는 줄로만 보거니와, 이 보살이 갖가지 몸을 나타내어 여러 곳에서 모든 중생들을 위하여 이 경전(經典)을 해설하느니라.

혹은 범천왕의 몸도 나타내고, 혹은 제석천왕의 몸

도 나타내고, 혹은 자재천의 몸도 나타내고, 혹은 대자재천의 몸도 나타내고, 혹은 천신의 대장군의 몸도 나타내고, 혹은 비사문천왕의 몸도 나타내느니라.

혹은 전륜성왕의 몸도 나타내고, 혹은 작은 왕의 몸도 나타내고, 혹은 장자의 몸도 나타내고, 혹은 거사의 몸도 나타내고, 혹은 재상의 몸도 나타내고, 혹은 바라문의 몸도 나타내고, 혹은 비구 · 비구니 · 우바새 · 우바이의 몸도 나타내느니라.

혹은 장자의 부인의 몸도 나타내고, 혹은 거사의 부인의 몸도 나타내고, 혹은 재상의 부인의 몸도 나타내고, 혹은 바라문의 부인의 몸도 나타내고, 혹은 동남동녀의 몸도 나타내며, 혹은 천신 · 용 · 야차 · 건달바 · 아수라 · 가루라 · 긴나라 · 마후라가와 사람과 사람 아닌 이들의 몸도 나타내어서 이 경을 설하느니라.

모든 지옥과 아귀와 축생과 온갖 어려운 곳에서도 모두 능히 구제하며, 또는 임금의 후궁에서는 여자의 몸으로 변신하여 이 경을 설하느니라.

17 화덕이여, 이 묘음보살은 사바세계의 모든 중생들을 구호(救護)하는 사람이니라. 이 묘음보살이 이와 같

은 가지가지로 변화하는 몸을 나타내어 이 사바세계에 있어 중생들에게 이 경전을 설하지마는 그 신통변화(神通變化)와 지혜는 조금도 감손(減損)하지 않느니라. 이 보살이 많은 지혜로 사바세계를 밝게 비추어 모든 중생들로 하여금 각각 알 것을 알게 하며 시방의 항하강의 모래수 같은 세계에서도 역시 그렇게 하느니라.

18 만일 성문(聲聞)의 몸으로 제도할 이에게는 성문의 몸을 나타내어 법을 설하고, 벽지불(辟支佛)의 몸으로 제도할 이에게는 벽지불의 몸을 나타내어 법을 설하고, 부처님의 몸으로 제도할 이에게는 부처님의 몸을 나타내어 법을 설하느니라. 이렇게 여러 가지 제도할 바를 따라서 몸을 나타내며 또는 꼭 열반(涅槃)으로써 제도할 이에게는 열반을 나타내느니라.

화덕이여, 묘음보살마하살이 큰 신통과 지혜의 힘을 성취한 일이 이와 같으니라."

10. 삼매에 대한 문답(問答)

19 이 때 화덕보살이 부처님께 말씀드렸습니다.

"세존이시여, 이 묘음보살이 선근(善根)을 깊이 심었습니다. 세존이시여, 이 보살이 무슨 삼매(三昧)에 머물러 있기에 이렇게 있는 곳마다 변화하여 나타나서 중생들을 제도합니까?"

부처님께서 화덕보살에게 말씀하셨습니다.

"선남자여, 그가 얻은 삼매의 이름은 현일체색신(現一切色身)삼매라 하느니라. 묘음보살이 이 삼매에 머물러 이렇게 한량없는 중생들을 이익케 하느니라."

11. 묘음보살품을 설하고 삼매를 얻다

20 이 묘음보살품을 말씀하실 때에 묘음보살과 함께 왔던 팔만 사천 사람들은 온갖 색신을 나타내는 삼매를 얻었고, 이 사바세계의 한량없는 보살들도 역시 이 현일체색신(現一切色身) 삼매와 다라니를 얻었습니다.

12. 묘음보살이 본토(本土)로 돌아가다

21 그 때에 묘음보살마하살이 석가모니 부처님과 다보

부처님의 탑에 공양함을 마치고 본국(本國)으로 돌아가는데, 지나가는 국토들마다 여섯 가지로 진동하고, 보배 연꽃을 비내리며, 백천 만억의 온갖 풍류를 연주하였습니다.

본국에 돌아가서는 팔만 사천 보살들에게 둘러 싸여 정화수왕지(淨華宿王智) 부처님이 계신 곳에 이르러 부처님께 말씀드렸습니다.

"세존이시여, 제가 사바세계에 가서 중생들을 이익케 하였습니다. 석가모니 부처님을 친견하고 다보 부처님의 탑도 친견하고 예배하며 공양하였습니다. 또 문수사리 법왕자보살을 보았으며, 또한 약왕(藥王)보살과 득근정진력(得勤精進力) 보살과 용시(勇施) 보살 등을 만났습니다. 그리고 이 팔만 사천 보살들로 하여금 현일체색신(現一切色身) 삼매를 얻게 하였습니다."

22 이 묘음보살래왕품(來往品)을 설할 때에 사만 이천 천자(天子)가 무생법인(無生法忍)을 얻었고, 화덕보살은 법화삼매(法華三昧)를 얻었습니다.

25
관세음보살보문품 觀世音菩薩普門品

제25 관세음보살보문품(觀世音菩薩普門品)

1. 무진의(無盡意)보살이 묻다

1 그 때에 무진의(無盡意)보살이 자리에서 일어나 오른 어깨를 드러내어 진실을 보이고 합장하여 부처님을 향하여 이렇게 말하였습니다.

"세존이시여, 관세음(觀世音)보살은 무슨 인연으로 관세음이라 합니까?"

2 부처님께서 무진의보살에게 말씀하셨습니다.

"선남자여, 만일 한량없는 백천 만억 중생들이 온갖 괴로움을 받을 적에 이 관세음보살의 이름을 듣고 일심(一心)으로 관세음보살의 이름을 일컬으면 관세음보살이 곧 그 음성을 관찰하고 모두 괴로움에서 벗어나게 하느니라.

2. 일곱 가지 재난(災難)을 벗어나다〔口業〕

3 만약 어떤 사람이 이 관세음보살의 이름을 지니는 이는 설사 큰불에 들어가도 불이 능히 태우지 못하나니 이 보살의 위신력(威神力) 때문이니라.

만약 큰물에 떠내려 가더라도 그 이름을 일컬으면 곧 얕은 곳에 닿게 되며, 만약 백천 만억 중생이 금·은·유리·자거·마노·산호·호박·진주 등 보배를 구하려고 큰 바다에 들어갔다가 가령 폭풍을 만나 그 배가 표류하다가 나찰 귀신들의 나라에 닿게 되었을지라도 그 가운데 한 사람이라도 관세음보살의 이름을 일컫는 이가 있으면 여러 사람들이 모두 나찰 귀신들의 재난을 벗어나게 되나니, 이러한 인연으로 관세음이라 하느니라.

4 만약 또 어떤 사람이 해를 입게 되었을 적에 관세음보살의 이름을 일컬으면 그들이 가진 칼과 몽둥이가 조각조각 부서져서 벗어나게 되느니라.

만약 삼천 대천세계에 가득한 야차와 나찰들이 와서 괴롭히려 하다가도 그 사람이 관세음보살의 이름을 외우는 소리를 들으면 이 악귀들이 흉악한 눈으로 보지도 못할 것이니, 하물며 해롭힐 수가 있겠는가.

설사 또 어떤 사람이 죄가 있거나 죄가 없거나 간에 수갑과 족쇄와 칼과 쇠사슬이 그 몸을 속박하더라도 관세음보살의 이름을 일컬으면 모두 부서지고 끊어져서 벗어나게 되느니라.

5 만약 삼천 대천세계에 도적이 가득 찼는데 어떤 상인들 중의 우두머리가 장사꾼들을 데리고 귀중한 보물을 가지고 험난한 길을 지나갈 적에 그 중의 한 사람이 말하기를 '선남자들이여, 무서워하지 말고 그대들은 일심으로 관세음보살의 이름을 일컬으시오. 이 보살은 능히 중생들의 두려움을 없애주나니, 그대들이 그 이름만 일컬으면 이 도적들의 난에서 벗어나게 될 것이다.' 하여, 여러 장사꾼들이 듣고 함께 소리를 내어 '나무 관세음보살' 하면 그 이름을 일컬은 연고로 곧 벗어나게 되느니라.

무진의여, 관세음보살마하살의 위신력이 이와 같이 높고 높으니라.

3. 삼독(三毒)을 떠나다〔意業〕

6 만약 어떤 중생이 음욕(婬欲)이 많더라도 항상 관세음보살을 생각하고 공경하면 문득 음욕을 여의게 되느니라.

만약 성내는 마음이 많더라도 항상 관세음보살을 생각하고 공경하면 문득 성내는 마음을 여의게 되느니라.

만약 어리석은 마음이 많더라도 항상 관세음보살을 생각하고 공경하면 문득 어리석음을 여의게 되느니라.

무진의여, 관세음보살은 이러한 큰 위신력이 있어서 이익케 하나니, 그러므로 중생들은 항상 응당히 마음으로 생각할 것이니라.

4. 자녀(子女)를 얻다〔身業〕

7 만약 어떤 여인이 아들을 낳기 위하여 관세음보살에게 예배하고 공양하면 문득 복덕이 많고 지혜가 있는 아들을 낳게 되느니라.

설령 딸을 낳기를 원하면 문득 단정하고 잘생긴 딸

을 낳으리니 숙세(宿世)에 덕의 근본을 심었으므로 모든 사람이 사랑하고 공경하리라.

무진의여, 관세음보살은 이와 같은 힘이 있느니라.

만약 중생들이 관세음보살에게 공경하고 예배하면 복이 헛되지 않으리라. 그러므로 중생들은 모두 관세음보살의 이름을 받아 지닐지니라.

5. 관세음보살의 이름을 지니는 복덕

8 무진의여, 만약 어떤 사람이 육십 이억 항하강의 모래 수와 같은 보살의 이름을 받아 지니고, 또 몸이 다하도록 음식과 의복과 침구와 의약으로 공양(供養)한다면 그대는 어떻게 생각하는가? 이 선남자 · 선여인의 공덕이 많겠는가?"

무진의보살이 말하였습니다.

"매우 많겠습니다. 세존이시여."

부처님께서 말씀하셨습니다.

"만일 어떤 사람이 관세음보살의 이름을 받아 지니고 한 때만이라도 예배하고 공양하면, 이 두 사람의 복이 꼭 같고 다름이 없어서 백천 만억 겁에 이르러도 다하지 아니하리라.

무진의여, 관세음보살의 이름을 받아 지니면 이와 같이 한량없고 그지없는 복덕(福德)의 이익을 얻느니라.”

6. 관세음보살의 삼업(三業)을 묻다

9 무진의보살이 부처님께 말씀드렸습니다.

“세존이시여, 관세음보살이 어떻게 이 사바세계에 다니며, 어떻게 중생들을 위하여 법을 설하며, 방편의 힘은 어떠합니까?”

7. 관세음보살의 삼십이응신(三十二應身)

10 부처님께서 무진의보살에게 말씀하셨습니다.

“선남자여, 만약 어떤 국토의 중생이 부처님의 몸으로서 제도(濟度)할 이에게는 관세음보살이 부처님의 몸을 나타내어 법을 설하느니라. 마땅히 벽지불의 몸으로 제도할 이에게는 벽지불의 몸을 나타내어 법을 설하고, 마땅히 성문의 몸으로 제도할 이에게는 성문의 몸을 나타내어 법을 설하느니라.

11 마땅히 범천왕의 몸으로 제도할 이에게는 범천왕의 몸을 나타내어 법을 설하고, 마땅히 제석천왕의 몸으로 제도할 이에게는 제석천왕의 몸을 나타내어 법을 설하고, 마땅히 자재천의 몸으로 제도할 이에게는 자재천의 몸을 나타내어 법을 설하고, 마땅히 대자재천의 몸으로 제도할 이에게는 대자제천의 몸을 나타내어 법을 설하고, 마땅히 천신 대장군의 몸으로 제도할 이에게는 천신 대장군의 몸을 나타내어 법을 설하고, 마땅히 비사문의 몸으로 제도할 이에게는 비사문의 몸을 나타내어 법을 설하느니라.

12 마땅히 작은 왕의 몸으로 제도할 이에게는 작은 왕의 몸을 나타내어 법을 설하고, 마땅히 장자의 몸으로 제도할 이에게는 장자의 몸을 나타내어 법을 설하고, 마땅히 거사의 몸으로 제도할 이에게는 거사의 몸을 나타내어 법을 설하고, 마땅히 재상의 몸으로 제도할

이에게는 재상의 몸을 나타내어 법을 설하고, 마땅히 바라문의 몸으로 제도할 이에게는 바라문의 몸을 나타내어 법을 설하느니라.

13 마땅히 비구·비구니·우바새·우바이의 몸으로 제도할 이에게는 비구·비구니·우바새·우바이의 몸을 나타내어 법을 설하고, 마땅히 장자·거사·재상·바라문의 부인의 몸으로 제도할 이에게는 부인의 몸을 나타내어 법을 설하고, 마땅히 동남·동녀의 몸으로 제도할 이에게는 동남·동녀의 몸을 나타내어 법을 설하느니라.

14 마땅히 천신·용·야차·건달바·아수라·가루라·긴나라·마후라가와 사람과 사람 아닌 이들의 몸으로 제도할 이에게는 다 그 몸을 나타내어 법을 설하고, 마땅히 집금강신으로 제도할 이에게는 집금강신을 나타내어 법을 설하느니라.

15 무진의여, 이 관세음보살이 이와 같은 공덕을 성취하고 가지가지 형상으로 여러 국토에 다니면서 중생들

을 제도하여 해탈케 하느니라.

8. 관세음보살에게 공양하다

16 그러므로 그대들은 마땅히 한결같은 마음으로 관세음보살에게 공양해야 하느니라.

이 관세음보살마하살이 무섭고 위급한 환난 가운데서 능히 두려움이 없게 하나니, 그러므로 이 사바세계에서 모두 그를 이름하여 두려움이 없도록 베푸는 이[施無畏者]라 하느니라.”

17 무진의 보살이 부처님께 말씀드렸습니다.

“세존이시여, 제가 지금 관세음보살께 공양(供養)하겠습니다.”

그리고 곧 목에 장식하였던 영락의 값이 백천 금이나 되는 것을 풀어서 드리면서 이렇게 말하였습니다.

“인자(仁慈)하신 분이시여, 이 법으로 보시하는 보배 영락을 받으십시오.”

이 때에 관세음보살은 받지 않으려 하거늘 무진의가

다시 관세음보살에게 말하였습니다.

"인자(仁慈)하신 분이시여, 우리들을 어여삐 여기시어 이 영락을 받으십시오."

18 이 때 부처님께서 관세음보살에게 말씀하셨습니다.

"마땅히 이 무진의보살과 사부대중(四部大衆)과 천신·용·야차·건달바·아수라·가루라·긴나라·마후라가와 사람과 사람 아닌 이들을 어여삐 여겨서 이 영락을 받을지니라."

곧 그 때 관세음보살이 사부대중과 천신·용·야차·건달바·아수라·가루라·긴나라·마후라가와 사람과 사람 아닌 이들을 어여삐 여겨서 그 영락을 받아 두 몫으로 나누어 한 몫은 석가모니 부처님께 바치고 또 한 몫은 다보불탑(多寶佛塔)에 바치었습니다.

"무진의여, 관세음보살은 이렇게 자유자재한 신통의 힘이 있어서 사바세계에 다니느니라."

9. 게송(偈頌)을 설하다

19 이 때에 무진의보살이 게송으로 물었습니다.
"세존께서 아름다운 모습을 갖추셨습니다.
제가 지금 저분의 일을 다시 묻겠습니다.
관세음보살은 어떠한 인연으로써
관세음보살이라 부르십니까?"

20 아름다운 모습을 갖추신 세존께서 게송으로
무진의보살에게 대답하셨습니다.
"그대는 관세음보살의 행(行)을 들어라.
어느 곳이든지 알맞게 잘 응하느니라.
크나 큰 서원(誓願)은 바다와 같이 깊어
헤아릴 수가 없는 여러 겁 동안을
여러 천억 부처님을 모셔 받들며
청정한 큰 서원을 세웠느니라.
내가 이제 그대에게 간략하게 말하리라.
그의 이름을 듣거나 몸을 보거나
마음에 생각하여 소중히 간직하면
모든 세상의 괴로움을 능히 소멸하리라.

21 가령 어떤 사람이 해치려는 생각을 품고
불구덩이에 밀어서 떨어뜨려도
관세음보살을 생각하는 거룩한 힘으로
불구덩이는 연못으로 변하게 되리라.
혹 큰 바다에 빠져서 떠내려가서
용과 고기와 귀신의 난을 만나더라도
관세음보살을 생각하는 거룩한 힘으로
파도가 빠뜨리지 못하게 되리라.

22 혹 수미산 봉우리에 서 있을 적에
어떤 이가 밀어서 떨어뜨려도
관세음보살을 생각하는 거룩한 힘으로
해와 같이 허공에 떠있게 되리라.
혹 흉악한 사람에게 쫓겨 가다가
금강산에 떨어져서 굴러 내려도
관세음보살을 생각하는 거룩한 힘으로
털끝 하나도 손상치 않게 되리라.

23 혹 원수나 도적에게 둘러싸여서
제각기 칼을 들고 해치려 하더라도

관세음보살을 생각하는 거룩한 힘으로
모두다 자비(慈悲)한 마음을 내게 되리라.
혹 어쩌다가 국법(國法)에 걸려들어서
사형을 집행하여 죽게 되어도
관세음보살을 생각하는 거룩한 힘으로
칼날이 조각조각 부서지리라.

24 혹 옥중에 갇히어서 큰칼을 쓰고
손과 발에 쇠고랑과 족쇄를 채웠더라도
관세음보살을 생각하는 거룩한 힘으로
저절로 시원하게 벗어나리라.
혹 저주하며 독한 약으로
나의 몸을 해치려 하는 자가 있어도
관세음보살을 생각하는 거룩한 힘으로
도리어 그 사람에게 돌아가리라.

25 혹 흉악한 나찰이나 독한 용이나
여러 가지 악귀들을 만나더라도
관세음보살을 생각하는 거룩한 힘으로
그것들이 해치지 못하게 되리라.

만약 악한 짐승들에 둘러싸여
험상궂은 이빨과 발톱이 무섭더라도
관세음보살을 생각하는 거룩한 힘으로
끝없는 먼 곳으로 달아나게 되리라.

26 살무사와 독사와 전갈들이
독기를 불꽃처럼 내뿜더라도
관세음보살을 생각하는 거룩한 힘으로
그 소리를 듣고 스스로 피해 가리라.
혹 검은 구름과 천둥에 번개가 치면서
우박과 소나기가 퍼붓더라도
관세음보살을 생각하는 거룩한 힘으로
잠시 사이에 흩어져서 걷히게 되리라.

27 중생들이 곤액(困厄)과 핍박을 받아
한량없는 괴로움이 닥치더라도
관세음보살의 미묘한 지혜의 힘이
세간의 모든 고통을 구해주리라.

28 신통하고 묘한 힘을 모두 갖추고

지혜의 방편까지 널리 닦아서
시방의 모든 세계 어디서든지
갖가지 몸을 나타내지 않는 데 없네.

29 가지가지 험하고 나쁜 갈래와
지옥과 아귀들과 축생에까지
나고 늙고 병들고 죽는 고통을
차츰차츰 모두 다 없애버리네.

30 참된 관찰과 청정한 관찰과
넓고 크신 지혜의 관찰과
가엾이 여기는 관찰과 자비로운 관찰을
언제나 원하고 언제나 우러러보네.
때 묻지 않은 청정하고 밝은 광명이
태양 같은 지혜로 어둠을 깨고
풍재(風災)와 화재(火災)들을 굴복시키고
골고루 밝은 빛이 세상을 비추네.

31 자비는 체(體)가 되고 계행(戒行)은 우레가 되고,
인자한 마음은 아름다운 큰 구름이 되어

감로(甘露)의 법의 비를 뿌려주어서
번뇌의 뜨거운 불꽃을 소멸하니라.

32 송사하고 다투는 관청에서나
무섭고 겁이 나는 군대의 진중에서도
관세음보살을 생각하는 거룩한 힘이
원수들을 물리쳐서 흩어버리네.

33 아름다운 음성의 관세음보살이여,
범천왕의 음성과 해조음(海潮音)의 소리
세간의 음성과 견줄 수 없네.
그러므로 언제나 생각을 하여
잠시라도 의심을 내지 말아라.
관세음보살 같은 청정한 성인은
괴로움과 번뇌와 죽는 재앙에서
능히 믿고 의지할 데가 되리라.

34 여러 가지 공덕을 다 갖추시고
자비하신 눈으로 중생을 보며
복덕의 무더기는 바다같이 한량없나니

그러므로 머리 숙여 예배하여라.”

10. 관세음보살품을 듣고 이익을 얻다

35 그 때에 지지(持地)보살이 자리에서 일어나 부처님 앞에 나아가 말씀드렸습니다.

“세존이시여, 만일 어떤 중생이 이 관세음보살품의 자재(自在)하신 일과 넓은 문으로 나타내시는 신통의 힘을 듣는 이가 있으면 이 사람의 공덕은 적지 아니한 것을 마땅히 알 수 있겠습니다.”

부처님께서 이 보문품(普門品)을 설하실 때에 팔만 사천 중생들이 모두 견줄 수 없는 최상의 깨달음에 대한 마음을 내었습니다.

26

다라니품 陀羅尼品

제26 다라니 품(陀羅尼品)

1. 법화경을 독송(讀誦)한 공덕

1 그 때에 약왕(藥王)보살이 자리에서 일어나 오른 어깨를 드러내어 진실을 보이고 부처님을 향하여 말씀드렸습니다.

"세존이시여, 선남자·선여인으로서 법화경을 받아 지니어 읽고 외워 통달하거나 경전(經典)을 쓴다면 얼마나 많은 복을 받겠습니까?"

2 부처님께서 약왕보살에게 말씀하셨습니다.

"만일 선남자·선여인이 팔백만억 나유타 항하사의 부처님들에게 공양하였다면, 어떻게 생각하는가. 그의 얻은 복덕이 얼마나 많다 하겠는가?"

"매우 많습니다, 세존이시여."

부처님께서 말씀하셨습니다.

"만일 선남자·선여인이 이 경에서 네 구절로 된 한

게송〔一四句偈〕만을 받아 지니고 읽고 외우고 뜻을 해설하며 설한 내용과 같이 수행(修行)하면 그 공덕이 더 많으니라."

2. 약왕(藥王)보살이 주문(呪文)으로 수호하다

3 이 때 약왕(藥王)보살이 부처님께 말씀드렸습니다.
"세존이시여, 제가 이제 법을 설하는 이에게 다라니 주문(呪文)을 주어 수호하겠습니다."
곧 주문을 설하였습니다.

"안니[1] 만니[2] 마네[3] 마마네[4] 지례[5] 자리데[6] 샤마[7] 샤리다위[8] 선데[9] 목데[10] 목다리[11] 사리[12] 아위사리[13] 상리[14] 사리[15] 사예[16] 아사예[17] 아기니[18] 선데[19] 샤리[20] 다라니[21] 아로가바사파자빅사니 네비데[22] 아변다라[23] 네리데[24] 아단다파례수디[25] 구구례[26] 모구례[27] 아라례[28] 바라례[29] 수가차[30] 아삼마삼리[31] 붓다비기리질데[32] 달마바리차례[33] 싱가녈구사네[34] 바사바사수디[35] 만다라[36] 만다라사야다[37] 우루다[38] 우루다교사라[39] 악사라[40] 악사약사야[41] 아바로[42]

아마야나다야[43]"

4 "세존이시여, 이 다라니 신주(神呪)는 육십이억 항하사 부처님들이 말씀하신 것입니다. 만일 이 법사(法師)를 침해(侵害)하여 헐뜯는 이가 있으면 그는 곧 이 여러 부처님을 침해하여 헐뜯는 것입니다."

이 때 석가모니부처님께서 약왕보살을 찬탄하셨습니다.

"훌륭하고, 훌륭하여라. 약왕이여, 그대가 이 법사를 어여삐 여기고 옹호(擁護)하기 위하여 이 다라니를 설하니 여러 중생들에게 이익이 많으리라."

3. 용시(勇施)보살의 주문

5 이 때 용시(勇施)보살이 부처님께 말씀드렸습니다.

"세존이시여, 저도 법화경을 읽고 외우고 받아 지니는 이를 옹호하기 위하여 다라니를 설하겠습니다. 만약 이 법사가 이 다라니를 얻으면 야차나 나찰이나 부단나나 길자나 구반다나 아귀 등이 그의 결점을 엿보려 해도 쉽지 않을 것입니다." 하고 곧 부처님 앞에서 주문을 설하였습니다.

"자례₁ 마하자례₂ 우기₃ 목기₄ 아례₅ 아라바데₆ 널레데₇ 널레다바데₈ 이디니₉ 위디니₁₀ 지디니₁₁ 널례지니₁₂ 널리지바디₁₃"

"세존이시여, 이 다라니 신주는 항하사와 같은 부처님들께서 말씀하신 바이며, 모두 따라서 기뻐하는 것입니다. 만일 이 법사를 침해하여 헐뜯는 이는 곧 이 여러 부처님을 침해하여 헐뜯음이 될 것입니다."

4. 비사문천왕(毘沙門天王)의 주문

6 이 때 세상을 보호하는 비사문천왕(毘沙門天王)이 부처님께 말씀드렸습니다.

"세존이시여, 저도 중생을 어여삐 여기며 이 법사를 옹호하기 위하여 다라니를 설하겠습니다."

곧 주문을 설하였습니다.

"아리₁ 나리₂ 노나리₃ 아나로₄ 나리₅ 구나리₆"

"세존이시여, 이 신주로써 법사를 옹호(擁護)하고, 저도 이 경전을 지니는 이를 옹호하여 백 유순 안에서는 온갖 걱정이 없게 하겠습니다."

5. 지국천왕(持國天王)의 주문

7 이 때 지국천왕(持國天王)이 이 법회 가운데 있다가 백천만억 나유타 건달바 무리에게 공경을 받으며 둘러싸여 부처님 앞에 나아가 합장하고 부처님께 말씀드렸습니다.

"세존이시여, 저도 다라니 신주로 법화경을 지니는 이를 옹호하겠습니다."

곧 주문을 말하였습니다.

"아가네1 가네2 구리3 건다리4 전다리5 마등기6 상구리7 부루사니8 알디9"

"세존이시여, 이 다라니 신주는 사십이억 부처님들이 말씀하신 바이니, 만일 이 법사를 침노하여 헐뜯는 이는 곧 여러 부처님을 침노하여 헐뜯는 것이 됩니다."

6. 나찰녀(羅刹女)의 주문

8 이 때 나찰의 여자들이 있었으니, 첫째는 남바(藍婆)요, 둘째는 비람바(毗藍婆)요, 셋째는 곡치(曲齒)요 넷째는 화치(華齒)요, 다섯째는 흑치(黑齒)요, 여섯째는 다발(多髮)이요, 일곱째는 무염족(無厭足)이요, 여덟째는 지영락(持瓔絡)이요, 아홉째는 고제(皐帝)요, 열째는 탈일체중생정기(奪一切衆生精氣)였습니다. 이 나찰녀 열명이 귀자모(鬼子母)와 그 아들과 권속들로 더불어 부처님이 계신 곳에 나아가서 소리를 함께 하여 부처님께 말씀드렸습니다.

"세존이시여, 저희들도 법화경을 읽고 외우고 받아 지니는 이를 옹호하여 그의 걱정을 덜어 주겠습니다. 만일 법사의 부족한 결점을 엿보는 이가 있으면 기회를 얻지 못하게 하겠습니다."

곧 부처님 앞에서 주문을 설하였습니다.

"이데리₁ 이데민₂ 이데리₃ 아데리₄ 이데리₅ 니리₆ 니리₇ 니리₈ 니리₉ 니리₁₀ 루혜₁₁ 루혜₁₂ 루혜₁₃ 루혜₁₄ 다혜₁₅ 다혜₁₆ 다혜₁₇ 도혜₁₈ 노혜₁₉"

9 "차라리 내 머리 위에 올라앉을지언정 법사를 괴롭히지 말아야 하나니, 야차나 나찰이나 아귀나 부단나나 길자나 비타라나 건타나 오마륵가나 아발마라나 야차길자나 사람길자나, 열병귀(熱病鬼)로서 하루 열병귀 · 이틀 열병귀 · 사흘 열병귀 · 나흘 열병귀 내지 이레 열병귀나 항상 하는 열병귀나 사내 형상이나 여자 형상이나 동남(童男)의 형상이나 동녀(童女)의 형상들이 꿈속에서라도 괴롭히지 못하게 하겠습니다."

곧 부처님 앞에서 게송으로 설하였습니다.

"나의 주문을 순종하지 않고

법을 설하는 이를 괴롭히면

머리를 깨어 일곱 조각을 내어

아리 나뭇가지와 같이 하리라.

부모 죽인 죄와도 같고 기름을 짠 죄와도 같고

저울과 말을 속인 죄와도 같고

조달(調達)이 화합승(和合僧)을 깨뜨린

죄와도 같이 여기리라.

이 법사를 침범한 자는 그와 같은 재앙을 받으리라."

10 모든 나찰녀들이 이 게송을 말하고 부처님께 말씀 드렸습니다.

"세존이시여, 저희들도 몸소 이 경을 받아 지니고 읽고 외우고 닦아 행하는 이를 옹호하여 항상 편안하고, 모든 쇠퇴하는 걱정을 없게 하며, 모든 독약(毒藥)을 소멸케 하겠습니다."

부처님께서 여러 나찰녀들에게 말씀하셨습니다.

"훌륭하고, 훌륭하여라. 그대들이 능히 법화경의 이름만 받아 지니는 이를 옹호하여도 복이 헤아릴 수 없겠거늘, 하물며 법화경을 구족하게 받아 지니며, 경전(經典)에 공양하기를 꽃·향·영락·가루 향·바르는 향·사르는 향·번기·일산과 풍류로써 하고, 갖가지 등을 켜는 데 우유등·기름등·향유등·소마나 꽃 기름등·첨복화 기름등·바사가꽃 기름등·우발라꽃 기름등 이러한 백천 가지로 공양하는 이를 옹호하는 것이겠는가. 고제여, 그대들과 권속들은 마땅히 이런 법사(法師)를 잘 옹호하라."

이 다라니품을 설할 때 육만 팔천 사람이 무생법인(無生法忍)을 얻었습니다.

27
묘장엄왕본사품 妙莊嚴王本事品

제27 묘장엄왕본사품(妙莊嚴王本事品)

1. 운뢰음(雲雷音)여래

1 그 때에 부처님께서 대중들에게 말씀하셨습니다.

"지나간 옛적에 한량없고 그지없는 불가사의 아승지겁 전에 부처님이 계시었으니 이름이 운뢰음수왕화지(雲雷音宿王華智) 여래 · 응공(應供) · 정변지(正遍知)이시고, 국토의 이름은 광명장엄(光明莊嚴)이고, 겁의 이름은 희견(喜見)이었느니라.

2. 정장(淨藏)과 정안(淨眼)의 수행

2 그 부처님의 법 가운데 임금이 있으니 이름이 묘장엄(妙莊嚴)이요, 부인의 이름은 정덕(淨德)이며, 두 아들이 있었으니 하나는 정장(淨藏)이요 다른 하나는 정안(淨眼)이었느니라.

이 두 아들이 큰 신통의 힘과 복덕과 지혜가 있고 오래 전부터 보살이 행하는 도를 닦았으니, 이른바 보시바라밀다·지계바라밀다·인욕바라밀다·정진바라밀다·선정바라밀다·지혜바라밀다·방편바라밀다와 자·비·희·사(慈悲喜捨)와 내지 삼십칠품(三十七品)의 도를 돕는 법을 모두 분명하게 통달하였느니라.

또 보살의 정(淨)삼매와 일성수(日星宿)삼매와 정광(淨光)삼매와 정색(淨色)삼매와 정조명(淨照明)삼매와 장장엄(長莊嚴)삼매와 대위덕장(大威德藏)삼매를 얻었는데, 이런 삼매도 모두 통달하였느니라.

3. 두 아들의 교화(敎化) 방편

⑴ 부처님이 법화경을 설하다

3 그 때에 그 부처님이 묘장엄왕을 인도(引導)하고 중생들을 어여삐 생각하므로 이 법화경을 설하였느니라.

이 때 정장·정안 두 아들이 그 어머니에게 가서 열 손가락과 손바닥을 합하고 말씀드렸느니라.

'원컨대 어머니시여, 운뢰음수왕화지 부처님이 계

신 곳에 가십시다. 저희들이 모시고 가서 친근하고 공
양하고 예배하겠습니다. 왜냐하면, 이 부처님이 모든
천신과 인간 대중 가운데서 법화경을 설하시니 마땅히
들어야 합니다.'

(2) 아버지를 교화할 것을 권하다

4 어머니가 아들에게 말하였느니라.

'너희 아버지가 외도(外道)를 믿고 바라문의 법에 빠
져 있으니, 너희는 아버지에게 가서 말씀드리고 함께
가자고 하여라.'

정장 · 정안이 열 손가락을 합하고 어머니에게 말씀
드렸느니라.

'우리는 법왕(法王)의 제자로서 이 삿된 소견을 가진
이의 집에 태어났습니다.'

어머니가 아들에게 말하였느니라.

'너희는 아버지를 걱정하여 신통(神通) 변화를 보여
라. 아버지가 보시면 마음이 반드시 청정하여져서 우
리들과 함께 부처님이 계신 곳에 갈 듯하느니라.'

(3) 두 아들이 신통을 보이다

5 이에 두 아들이 아버지를 생각하여 허공으로 일곱 다리수쯤 올라가서 여러 가지 신통 변화를 나타내는데 허공 중에서 가고 · 서고 · 앉고 · 눕기도 하였느니라. 몸 위에서 물을 뿜고 몸 아래서 불을 뿜으며, 몸 아래서 물을 뿜고, 몸 위에서 불을 뿜었느니라. 혹 큰 몸을 나타내어 허공에 가득하다가 또 작은 몸을 나타내기도 하고, 작은 몸으로 다시 큰 몸을 나타내었느니라. 공중에서 없어져서 땅 위에 있기도 하고, 땅 속에 들어가기를 물과 같이하고, 물 위에 다니기를 땅과 같이하였느니라. 이렇게 갖가지 신통 변화를 나타내어서 아버지로 하여금 마음이 청정케 하여 믿게 하였느니라.

(4) 아버지가 크게 환희하다

6 그 때 아버지는 아들의 신통(神通)이 이와 같은 것을 보고, 마음이 기뻐서 미증유(未曾有)를 얻고는 합장하고 아들에게 말하였느니라.

'너희들의 스승은 누구이며 누구의 제자이냐?'

두 아들이 여쭈었느니라.

'대왕이여, 저 운뢰음수왕화지 부처님께서 지금 칠보로 된 보리수 아래에 있는 법좌(法座)에 앉으시어 모든 세간의 천신 · 인간 대중에게 법화경을 말씀하시니, 그 분이 저희 스승이며 저희는 그 분의 제자입니다.'

아버지가 아들에게 말하였느니라.

'나도 너희들의 스승을 뵙고자 하니 함께 가자.'

4. 두 아들이 출가수도(出家修道)를 원하다

7 이에 두 아들이 허공에서 내려와 어머니의 앞에 가서 합장하고 여쭈었느니라.

'부왕(父王)께서 지금 믿고 이해했으니, 마땅히 최상의 깨달음에 대한 마음을 낼 것입니다.

저희가 아버지를 위하여 불사(佛事)를 지었으니, 바라건대 어머니께서 저희들이 저 부처님이 계신 곳에서 출가(出家)하여 도를 닦도록 허락하여 주십시오.'

이 때 두 아들이 그 뜻을 거듭 펴려고 게송으로 어머니에게 여쭈었느니라.

'어머니시여, 저희를 버리시어

출가하여 사문이 되게 하십시오.
부처님을 만나기는 어려운 일이니
우리는 부처님을 따라 배우렵니다.
우담바라 꽃을 만나기 어렵거니와
부처님은 이보다 더 만나기 어렵습니다.
온갖 어려움을 벗어나기는 더 어려우니
우리의 출가함을 허락하여 주십시오.’
어머니는 말하였느니라.
　‘너희들의 출가를 허락한다. 왜냐하면 부처님을 만
나기 어렵기 때문이다.’

5. 불법 만나기가 맹구우목(盲龜遇木)과 같다

8 이에 두 아들은 부모님에게 말씀드렸느니라.
　‘거룩하십니다. 부모님이시여, 바라건대 이제 운뢰
음수왕화지 부처님 계신 데 가서 친근하고 공양하십시
다. 왜냐하면 부처님을 만나기 어려움이 우담바라 꽃
과 같습니다. 또 외눈박이 거북이가 떠다니는 나무토
막의 구멍을 만나는 것과 같습니다. 이제 우리가 숙세

(宿世)의 복이 두터워서 금생(今生)에 불법을 만났습니다. 그러므로 부모님께서 저희들의 출가를 허락하시니, 그 까닭은 부처님을 만나기 어렵고 그 시기(時期)도 만나기 어렵기 때문입니다.'

6. 교화의 공(功)이 드러나다

9 그 때 묘장엄왕의 후궁(後宮)인 팔만사천 사람들이 다 이 법화경을 받아 지닐 만하였느니라. 정안보살은 법화삼매(法華三昧)를 오래 전부터 통달하였으며, 정장보살은 한량없는 백천만억 겁 전부터 나쁜 갈래 여의는 삼매를 통달하였느니라. 모든 중생들로 하여금 모든 나쁜 갈래를 여의게 하려는 까닭이니라. 그 왕의 부인은 여러 부처님을 모으는 삼매를 얻어서 여러 부처님의 비밀한 법장(法藏)을 알았느니라.

두 아들이 이렇게 방편의 힘으로 그 아버지를 잘 교화(敎化)하여 마음으로 믿고 이해하여 불법(佛法)을 좋아하게 하였느니라.

7. 부처님께 나아가 설법을 듣다

10 이에 묘장엄왕은 여러 신하와 권속들을 데리고, 정덕부인(淨德夫人)은 후궁의 시녀들을 거느리고, 두 왕자는 사만 이천 사람을 데리고 한꺼번에 부처님이 계신 곳에 가서 머리를 숙여 발에 예배하고 부처님을 세 번 돌고 물러가 한쪽에 앉았느니라.

이 때 저 부처님이 왕을 위하여 법을 설하여 보여주고 가르치고 이익케 하고 기쁘게 하니, 왕이 매우 기뻐하였느니라.

11 그 때 묘장엄왕과 그 부인이 목에 걸었던 백천냥 값이 가는 진주영락을 풀어 부처님 위에 흩으니, 허공 중에서 네 기둥의 보배 대(臺)로 변화하였느니라. 대 안에는 큰 보배로 된 법상이 있어 백천만 가지 하늘의 옷을 깔았는데, 그 위에 부처님이 결가부좌하고 앉아서 큰 광명을 놓았느니라. 그 때 묘장엄왕은 이렇게 생각하였느니라.

'부처님의 몸이 희유하시어 단정하고 엄숙하고 특히 빼어나 제일 미묘한 색상을 성취하시었도다.'

8. 묘장엄왕은 사리수왕불(娑羅樹王佛)이 되리라.

12 이 때 운뢰음수왕화지 부처님께서 사부대중에게 말씀하셨느니라.

'그대들은 이 묘장엄왕이 내 앞에 합장하고 서있는 것을 보는가. 이 왕이 나의 법 가운데서 비구가 되어 부지런히 수행하면서 부처님의 도법(道法)을 돕다가 당래(當來)에 성불하여 이름을 사리수왕불(娑羅樹王佛)이라 하리라.

국토의 이름은 대광(大光)이요, 겁의 이름은 대고왕(大高王)이니라. 그 사리수왕불에게는 한량없는 보살대중과 한량없는 성문이 있으며 국토는 평평하고 반듯하리니, 공덕이 이러하니라.

9. 왕(王)이 출가하여 수행하다

13 그 왕이 즉시 나라 일을 아우에게 맡기고, 부인과 두 아들과 여러 권속들과 함께 불법(佛法)에 출가(出家)하여 도를 닦았느니라.

왕이 출가하고나서 팔만 사천년 동안 부지런히 정진하여 묘법연화경(妙法蓮華經)을 수행하다가 그 뒤에 일체정공덕장엄삼매(一切淨功德莊嚴三昧)를 얻었느니라.

10. 두 아들은 아버지의 선지식(善知識)

14 그리고는 곧 허공으로 일곱 다라수를 올라가서 부처님께 말씀드렸느니라.

'세존이시여, 저의 두 아들이 불사(佛事)를 지어서 신통 변화로 저의 삿된 마음을 돌이켜 불법 가운데 편안히 머물게 하여 세존을 뵈옵게 되었습니다. 이 두 아들은 저의 선지식(善知識)입니다. 숙세의 선근을 일으켜 저를 이익케 하려고 저희 집에 태어났습니다.'

11. 두 아들의 덕행(德行)

15 그 때에 운뢰음수왕화지 부처님께서 묘장엄왕에게 말씀하셨느니라.

'그러하니라, 그대가 말한 바와 같으니라. 만일 선남자 · 선여인이 선근을 심은 연고로 세세(世世)에 선지식을 만나느니라. 그 선지식이 불사를 지어 보여주고 가르치고 이익케 하여 기쁘게 하며, 최상의 깨달음에 들어가게 하느니라. 대왕이여, 마땅히 알라. 선지식은 큰 인연이니 이른바 교화하고 지도하여 부처님을 친견하고 최상의 깨달음을 얻게 하느니라.

대왕이여, 그대가 이 두 아들을 보는가. 이 두 아들은 이미 육십 오백 천만억 나유타 항하사 부처님께 공양하고 친근하고 공경하였으며 여러 부처님 처소에서 법화경을 받아 지니고 삿된 소견 가진 중생들을 가엾이 여겨 바른 견해(見解)에 머물게 하느니라.'

12. 부처님을 찬탄하고 서원을 세우다

16 묘장엄왕이 허공 중으로부터 내려와 부처님께 말씀드렸느니라.

'세존이시여, 여래께서 매우 희유하십니다. 공덕과 지혜로 말미암아 정상(頂上)의 육계(肉髻) 광명이 환히 비치시고 눈이 길고 넓으며 검푸른 빛이십니다. 미간(眉間)의 백호(白毫)가 달과 같이 희고, 치아는 희고 가지런하여 항상 광명이 있습니다. 입술은 붉고 아름다워 빈바(頻婆)의 열매와 같습니다.'

그 때 묘장엄왕이 부처님의 이렇게 한량없는 백천만억 공덕을 찬탄하고는 여래의 앞에서 일심으로 합장하고 다시 부처님에게 말씀드렸느니라.

'세존이시여, 예전에 없던 일입니다. 여래의 법은 헤아릴 수 없이 미묘한 공덕을 구족하게 성취하였으므로 그 가르침의 실천은 편안하고 즐겁고 좋습니다.

제가 오늘부터는 다시 마음대로 행하지 않겠습니다. 삿된 소견과 교만한 버릇과 성내는 등의 나쁜 마음을 내지 않겠습니다.'

이렇게 말하고는 부처님께 예배하고 떠났느니라."

13. 부모와 두 아들의 현재(現在)

17 부처님께서 대중들에게 말씀하셨습니다.

"어떻게 생각하는가. 묘장엄왕은 다른 사람이 아니

니라. 지금의 화덕(華德)보살이요, 정덕부인은 지금 내 앞에 있는 광조장엄상(光照莊嚴相)보살이니라. 묘장엄왕과 모든 권속들을 어여삐 여기어서 저 가운데 난 것이니라. 그 두 아들은 지금의 약왕(藥王)보살과 약상(藥上)보살이니라.

이 약왕보살과 약상보살은 이러한 큰 공덕을 성취하고는 한량없는 백천만억 부처님이 계신 곳에서 모든 덕의 근본을 심고, 불가사의한 여러 선근 공덕을 성취하였느니라.

만약 어떤 사람이 이 두 보살의 이름을 아는 이가 있으면 모든 세간의 천신과 사람들이 또한 마땅히 예배할 것이니라.”

18 부처님께서 이 묘장엄왕본사품(妙莊嚴王本事品)을 설하실 때에 팔만 사천 사람들이 번뇌를 멀리하며 때를 여의고 여러 가지 법 가운데서 법의 눈이 청정함을 얻었습니다.

28

보현보살권발품 普賢菩薩勸發品

제28 보현보살권발품(普賢菩薩勸發品)

1. 보현(普賢)보살이 영축산(靈鷲山)에 오다

1 그 때에 보현보살이 자재(自在)한 신통의 힘과 위덕(威德)과 잘 알려진 이름으로써 한량없고 그지없고 일컬을 수 없는 대보살들과 함께 동방(東方)에서 오는데, 지나오는 국토마다 모두 다 진동하고 보배 연꽃을 비내리며, 한량없는 백천만억의 갖가지 풍악을 연주하였습니다.

또 수없는 천신·용·야차·건달바·아수라·가루라·긴나라·마후라가와 사람과 사람 아닌 이들의 대중들에게 둘러싸여 각각 위덕과 신통의 힘을 나타내면서 사바세계의 기사굴산(耆闍崛山) 중에 이르러서 석가모니 부처님께 머리를 숙여 예배하며 오른쪽으로 일곱 바퀴를 돌았습니다.

2. 법화경을 얻을 방법을 묻다

2 그리고 부처님께 말씀드렸습니다.

"세존이시여, 제가 보위덕상왕(寶威德上王) 부처님 국토에 있으면서, 멀리 이 사바세계에서 법화경(法華經)을 말씀하시는 것을 듣고 한량없고 그지없는 백천만억 보살 대중들과 함께 와서 듣고자 합니다. 원컨대 세존께서 말씀하여 주십시오. 만일 선남자·선여인이 여래가 열반하신 뒤에 어떻게 하면 이 법화경을 만날 수 있겠습니까?"

3. 법화경을 얻을 네 가지 조건

3 부처님께서 보현보살에게 말씀하셨습니다.

"선남자·선여인이 네 가지 법을 성취하면 여래가 열반한 뒤에 이 법화경을 만날 수 있느니라. 하나는 부처님들의 호념(護念)함이요, 둘은 여러 가지 덕의 근본을 심는 것이요, 셋은 바로 결정된 종류〔正定聚〕에 들어감이요, 넷은 모든 중생을 구호하려는 마음을 냄이니

라. 선남자 · 선여인이 이렇게 네 가지 법을 성취하면 여래가 열반한 뒤에 반드시 이 경을 만나게 되느니라."

4. 법화행자(法華行子)를 수호할 것을 서원하다

(1) 외난(外難)을 수호하다

4 이 때 보현보살이 부처님께 말씀드렸습니다.

"세존이시여, 최후의 오백세(五百歲)의 흐리고 나쁜 세상에서 이 경전을 받아 지니는 사람이 있으면, 제가 마땅히 수호하여 쇠망(衰亡)하는 근심을 덜고 편안함을 얻게 하며 그 결점을 엿보는 이가 없게 하겠습니다. 만일 마군(魔群)이거나 마의 아들이나 마의 여자나 마의 백성이나 마가 붙은 이나 야차나 나찰이나 구반다나 비사자나 길자나 부단나나 위타라 등의 사람을 괴롭게 하는 자가 그 결점을 얻지 못하게 하겠습니다.

(2) 법을 수호하다

5 이 사람이 다니거나 섰거나 이 경을 읽고 외우면 제

가 그 때에 어금니 여섯 개 가진 흰 코끼리〔六牙白象〕를 타고 대보살들과 함께 그의 처소에 가서 몸을 나타내어 공양하고 수호하여 그 마음을 위로하겠습니다. 역시 법화경을 공양하기 위해서입니다.

이 사람이 만일 앉아서 이 경을 생각할 적에 제가 그때에 흰 코끼리를 타고 그 앞에 나타나되 그 사람이 만약 법화경의 한 구절·한 게송을 잊었더라도 제가 마땅히 가르쳐 주어 함께 읽고 외워서 다시 통달하게 하겠습니다.

6 이 때 법화경을 받아 지니고 독송하는 사람이 제 몸을 보고 매우 기뻐하여 더욱 정진하며, 저를 본 인연으로 삼매와 다라니를 얻을 것입니다. 이름이 선다라니(旋陀羅尼)와 백천만억 선다라니와 법음방편(法音方便) 선다라니이니 이러한 다라니를 얻을 것입니다.

7 세존이시여, 만일 오는 세상의 최후 오백세(五百歲)의 흐리고 나쁜 세상에서 비구·비구니·우바새·우바이들로서 찾는 이, 받아 지니는 이, 읽는 이, 외우는 이, 쓰는 이들이 이 법화경을 닦아 익히려면, 삼칠일

(三七日) 동안 한결같은 마음으로 정진해야 할 것이니, 삼칠일이 되면 제가 어금니 여섯 개 가진 흰 코끼리를 타고, 한량없는 보살에게 둘러싸여, 모든 중생들이 보기 좋아하는 몸으로 그 사람의 앞에 나타나서 법을 설하여 보여 주고 가르치고 이익케 하여 기쁘게 하겠습니다. 그리고 다시 다라니 신주(神呪)를 주겠습니다.

이 다라니의 힘으로 말미암아 사람 아닌 것들이 감히 파괴하지 못하며, 여인들이 어지럽게 하는 유혹도 받지 아니할 것입니다. 저도 이 사람을 항상 수호하겠습니다.

(3) 주문을 설하다

8 오직 바라옵건대 세존께서 저에게 이 다라니 신주를 설하도록 허락하여 주십시오."

곧 부처님 앞에서 주문(呪文)을 설하였습니다.

"아단디1 단다바디2 단다바뎨3 단다구사례4 단다수다례5 수다례6 수다라바디7 붓다바선녜8 살바다라니아바다니9 살바바사아바다니10 수아바다니11 싱가바리사

니12 싱가녈가다니13 아싱기14 싱가파가디15 데례아다싱
가도랴아라뎨바라뎨16 살바싱가삼마디가란디17 살바달
마수바리찰뎨18 살바살타루다교사라아노가디19 신아비
기리디뎨20”

5. 보현보살의 위신력(威神力)

9 “세존이시여, 만약 어떤 보살이 이 다라니를 듣는 이
는 마땅히 보현의 신통의 힘인 줄을 알아야 합니다. 만
약 법화경이 염부제(閻浮提)에 유통할 적에 받아 지니
는 이는 마땅히 다 보현의 위덕과 신통의 힘인 줄을 생
각해야 할 것입니다.

6. 수승한 선근이 되다

10 만일 받아 지니고 읽고 외우고 바르게 기억하고 뜻
을 해설하고 설한 대로 수행(修行)하는 이가 있으면, 이
사람은 보현의 행을 행하여, 한량없고 그지없는 부처님

처소에서 깊이 선근(善根)을 심으며 모든 여래(如來)의 손으로 머리를 만져주시는 줄을 알아야 하겠습니다.

7. 법화행자(法華行子)의 공덕

11 만약 다만 쓰기만 하여도 이 사람은 목숨을 마치고는 마땅히 도리천상(忉利天上)에 태어날 것이니, 팔만 사천 천녀(天女)들이 온갖 풍류를 연주하면서 와서 맞이할 것입니다. 이 사람은 칠보관(七寶冠)을 쓰고 시녀들 속에서 호사하며 즐길 것입니다. 그런데 하물며 받아 지니고 읽고 외우고 바르게 기억하고 뜻을 해설하고 말한 대로 수행하는 것이겠습니까?

만일 받아 지니고 읽고 외우고 뜻을 해설하면 이 사람은 목숨이 마치면 일천 부처님께서 손을 내밀어주어, 두렵지도 않고 나쁜 갈래에 떨어지지도 않고, 곧 도솔천상(兜率天上)의 미륵보살이 계신 데 왕생(往生)할 것입니다. 미륵보살은 삼십이상(三十二相)이 있는 대보살들에게 둘러 싸여서 백천 만억 천녀의 권속들이 있는 가운데 태어나게 되는 이와 같은 공덕과 이익이 있을 것입니다.

12 그러므로 지혜 있는 사람은 마땅히 일심으로 스스로 쓰거나 다른 사람으로 하여금 쓰게 하여 받아 지니고 읽고 외우고 바르게 기억하고 말한 대로 수행할 것입니다.

8. 보현보살의 서원

13 세존이시여, 저는 신통의 힘으로 이 경을 수호하며, 여래가 열반하신 뒤에 남섬부주에 널리 선포하여 끊어지지 않게 하겠습니다.”

9. 보현보살의 내력을 말하다

14 그 때에 석가모니 부처님께서 찬탄하시었습니다.
“훌륭하고 훌륭하여라. 보현(普賢)이여, 그대가 이 경을 보호하고 도와서 많은 중생들을 안락(安樂)하고 이익(利益)케 하였으니, 그대는 부사의한 공덕을 성취하였느니라. 자비가 깊고 커서 오래 전부터 최상의 깨달음에 대한 마음을 내었으며, 능히 이렇게 신통한 서원(誓願)을 세워서 이 경을 받아 지니니 내가 마땅히 신통한 힘으로써 보현보살의 이름을 받아 지니는 이를 수호(守護)하리라.

10. 법화행자는 이러하니라

15 보현이여, 만일 이 법화경(法華經)을 받아 지니고 읽고 외우고 바르게 기억하여 닦아 익히고 쓰는 사람이 있으면, 마땅히 알아라. 이 사람은 석가모니 부처님〔釋迦牟尼佛〕을 친견하고 부처님의 입으로부터 이 경전을 들은 것이니라. 마땅히 알아라. 이 사람은 석가모니 부처님에게 공양한 것이니라. 마땅히 알아라. 이 사람은 부처님이 훌륭하다고 찬탄한 것이니라. 마땅히 알아라. 이 사람은 석가모니 부처님이 손으로 그 머리를 쓰다듬은 것이 되느니라. 마땅히 알아라. 이 사람은 석가모니 부처님이 옷으로 덮어준 것이 되느니라.

16 이런 사람은 더 이상 세간의 욕락을 탐하지 않으며, 외도(外道)의 경서(經書)와 글씨를 좋아하지 않으며, 또 그 사람들을 친근하기를 좋아하지 않으며 백정이나 돼지·양·닭·개를 기르는 이나, 사냥꾼이나, 여색(女色)을 판매하는 나쁜 이들을 친근하지도 않느니라. 이 사람은 마음이 순박하고 정직하며 바르게 기억하고 복덕의 힘이 있으므로 삼독(三毒)의 시달림을 받지도 않느니라. 질투·아만·사만(邪慢)·뛰어난 체하는 이들의 괴롭힘도 받지 않느니라. 이 사람은 욕심이 적고 만족함을 알아서 보현의 행을 능히 닦느니라.

17 보현이여, 여래가 열반한 뒤 최후 오백세(五百歲)에 어떤 사람이 법화경을 받아 지니고 읽고 외우는 이가 있으면 응당히 이렇게 생각하리라. 이 사람은 오래지 않아 도량(道場)에 나아가서 마군의 무리를 깨뜨리고 최상의 깨달음을 얻으며, 법륜(法輪)을 굴리고 법고(法鼓)를 치며, 법의 소라를 불고 법의 비를 내리며, 마땅히 하늘과 인간의 대중 가운데서 사자좌에 앉을 줄로 생각할 것이니라.

18 보현이여, 만일 후세에 이 경전을 받아 지니고 읽고 외우는 이는 다시 의복이나 침구나 음식이나 살림하는 물품을 탐하지 않아도 그 소원이 헛되지 아니하리라. 또 이 세상에서 그 복의 과보(果報)를 얻으리라.

19 만일 어떤 사람이 업신여기며 말하기를 '너는 미친 사람일 뿐이다. 부질없이 이런 행을 하는 것이요, 아무 소득도 없으리라.'고 하면, 이 죄보(罪報)로 날 적마다 눈이 멀게 되리라. 만약 공양하고 찬탄하는 이는 이 세상에서 좋은 과보를 받을 것이니라.

20 만일 이 경을 받아 지니는 이를 보고 그의 허물을 드러내면, 그것이 사실이거나 사실이 아니거나 이 사람은 이 세상에서 백라병(白癩病)을 얻을 것이니라. 만약 경멸하고 비웃으면 세세 생생에 이가 성글고 빠지고, 입술이 추악하고, 코가 납작하고, 손발이 삐뚤어지리라. 눈은 튀어나오거나 움푹 패일 것이고, 몸에서는 더러운 냄새가 나고, 나쁜 부스럼에 피고름이 흐르고 배에 물이 차게〔水腹〕 되고 숨이 가쁘며, 여러 가지 나

쁘고 중한 병에 걸리리라.

그러므로 보현이여, 이 경전을 받아 지니는 이를 보거든 마땅히 일어나서 멀리 나가 영접하여 부처님을 공경하듯이 할 것이니라.”

11. 보현보살권발품을 설한 공덕

21 이 보현권발품(普賢勸發品)을 말씀하실 때에 항하사와 같이 한량없고 그지없는 보살들은 백천만억 선다라니를 얻고, 삼천대천 세계의 티끌 수 보살들은 보현의 도를 구족하였습니다.

부처님께서 이 경을 말씀하실 적에 보현 등의 여러 보살과 사리불(舍利弗) 등의 여러 성문(聲聞)과, 천신들과 용과 사람과 사람 아닌 이 등 모든 대중이 모두 크게 환희하여 부처님 말씀을 받아 지니고 예배하고 물러갔습니다.

묘법연화경 하권 종